Knock! Knock!

우리 아이의
수학적 잠재력을 깨워주는 **창의력
수학**

노크

B3

명화로
배우는 수학

이 책을 보시는 부모님들께

머리가 좋아야 수학을 잘 한다는 말이 있습니다. 또, 수학을 잘 못하는 아이는 아빠, 엄마의 머리를 물려받아서 그렇다는 등의 난데없는 유전자 논쟁이 벌어지기도 합니다. 하지만 많은 사람들의 일반적인 생각과는 달리 이는 근거없는 이야기입니다. 외국의 한 연구 기관에서 언어, 사회, 수학, 과학의 네 가지 분야 중 어떤 것이 아동의 선천적 재능에 영향을 받는지 조사한 연구 결과를 발표했는데 일반적인 예상과는 다르게 선천적 재능에 영향을 받는 순서는 사회, 언어, 과학, 수학 순이었습니다. 다시 말해, 수학은 여러 학문 분야 중 선천적인 재능보다는 후천적인 환경이나 교육자, 학습자의 노력에 가장 큰 영향을 받는 학문이라 볼 수 있습니다. 수학의 가장 기본이 되는 '수 영역'의 예를 들어 보겠습니다. 아이들이 수를 처음 접하는 시기의 차이는 있지만 실제 수에 대한 감각과 수를 다루는 연습은 생활 속에서의 체험이나 다양한 활동, 학습 속에서 이루어집니다. 즉, 수학의 가장 기본이 되는 수는 선천적으로 가진 재능과는 거의 연관이 없으며 자라나면서 어떤 환경에 놓이는지, 얼마나 많이 수를 생각할 수 있는 기회가 있는지, 나이에 맞는 올바른 학습을 만날 수 있는지에 좌우됩니다. 그러므로 아이의 수학적 발달에 문제가 있다면, 그 아이가 누구를 닮아서 그런지, 지능이 떨어지는지를 따질 것이 아니라 수학적 힘을 기를 수 있는 학습 환경을 어떻게 만들어줄 것인가를 고민해야 합니다.

국제영재교육연구소의 랜즐리 소장은 영재의 기준을 마련하기 위해 여러 연구를 시행한 결과, 영재의 공통적인 특징들을 발견하였습니다. 첫째는 115 이상의 지능지수(IQ), 둘째는 창의력(Creativity), 셋째는 동기적 요소라고 부르는 끈질긴 근성과 과제집착력이었습니다. 이들 세 가지 요소 역시 선천적으로 타고 나는 부분도 물론 있겠지만 대부분 후천적인 학습이나 교육 활동을 통해 기를 수 있는 능력이라는 데에 이의를 제기하기는 힘듭니다.

이처럼 수학적 능력은 후천적 학습 환경에 주로 좌우되며, 특히 어린 시절에는 그러한 경향이 더더욱 두드러집니다. 하지만 우리의 아이들을 둘러싼 수학적 환경을 다시 한 번 돌아봅시다. 초등학교를 들어가기 전부터 과도한 학습량과 무의미한 반복 활동, 이후의 수학 학습에 오히려 방해가 될 정도로 무리한 선행 학습 등의 환경은 아이의 수학적 힘을 길러주기보다는 수학에서 가장 중요한 창의적 사고력을 기를 수 있는 기회를 박탈함과 동시에 수학에 대한 흥미를 급속하게 떨어뜨리게 하여 수학으로 문제를 해결하려는 의지, 즉 수학적 동기를 스스로에게 부여하는 것을 불가능하게 만들어 버립니다. 중요한 것은 남들보다 먼저, 그리고 더 많이 수학적 지식을 머리 속에 주입하는 것이 아니라 태어나서부터 누구나 가지고 있는 수학에 대한 관심, 그리고 수학으로 생각하는 힘을 일깨워주는 것입니다.

수학을 잘할 수 있는 힘,

수학적 잠재력은 이미 여러분 아이들의 머릿 속에 줄곧 있어왔습니다. 단지 어떤 아이는 그것을 찾아내어 드러낼 수 있었고, 어떤 아이는 꼭꼭 숨긴 채 평생 드러나지 않을 뿐입니다. 이러한 수학적 잠재력에 대한 참신한 자극 – 생각을 두드리는 '노크'를 제안하려 합니다. '노크'는 수학적 지식과 스킬만을 무리하게 밀어넣지 않습니다. 왜 수학을 해야 하고, 어떻게 수학으로 가능한지 끊임없이 스스로 생각하게하는 계기로서의 활동이 되려 합니다. 일상으로부터 괴리된 학문으로서의 수학이 아닌, 삶을 살아가며 반드시 키워야 할 논리적, 합리적 사고력을 기를 수 있는 누구에게나 가장 중요한 경쟁력으로서의 수학을 주장합니다. '노크'야말로 새로운 수학 학습의 길을 보여주는 방향타가 될 것입니다.

한 현 조

이 책의
구성과 특징

❋ 흥미로운 단원 도입

테마 Story

● 이야기의 주제와 단원 내용을 소개함으로써 학습 내용에 흥미를 가질 수 있도록 합니다.

● 단원과 관련된 그림과 질문을 통해 배울 내용을 미리 생각해 볼 수 있습니다.

수학 이야기

● 재미있는 이야기를 통해 학습 주제에 대한 흥미와 관심을 높일 수 있습니다.

● 과학, 예술, 역사, 수학사, 실생활 등 다양한 이야기를 수학적 개념과 관련지어 수학의 가치와 필요성을 느낄 수 있도록 합니다.

❋ 창의적인 내용 전개

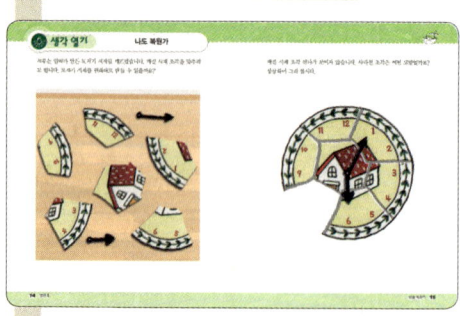

💡 생각 열기

● 수학적 개념, 원리, 법칙을 자유로운 생각과 다양한 활동을 통해 발견할 수 있도록 합니다.

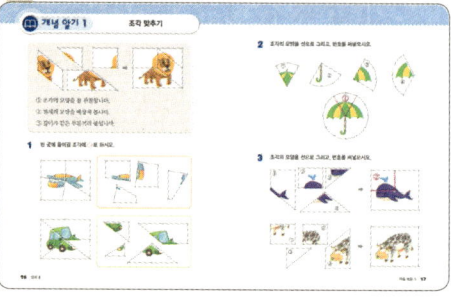

📖 개념 알기

● 단원별 4개의 소주제를 제시하였고, 학습 목표를 쉽게 이해할 수 있도록 설명해 놓았습니다.

● 기본 유형 문제와 간단한 응용 문제로 구성되어 있어 수학적 사고력을 단계적으로 기를 수 있습니다.

이야기 수학_ 이야기 속 문제 상황을 통해 호기심을 유발하고, 단원에서 배우게 될 내용을 예측하고 발견할 수 있도록 하였습니다.

사고력 수학_ 주제별 기본개념을 이해하고, 확인학습을 통해 개념을 익히고 다질 수 있도록 하였습니다.

창의력 수학_ 다양한 방법으로 심화 문제를 해결함으로써 문제 해결 능력, 의사소통 능력, 추론 능력을 향상시킬 수 있도록 하였습니다.

✳ 창의사고력 **심화 학습**

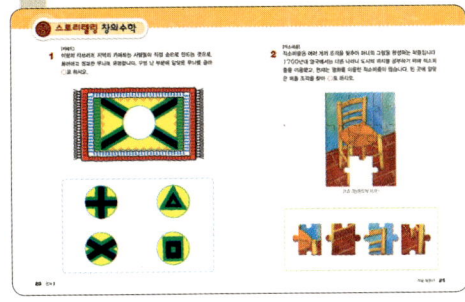

☢ **스토리텔링 창의수학**

- 주제와 관련된 창의 사고력 수학 문제를 제시하여 학습 내용을 좀 더 다양하고 깊게 탐구해 볼 수 있습니다.

- 다른 학문 분야나 생활 속 현상 등과 같은 다양한 소재로 문제 해결력, 융합적 사고력을 기를 수 있습니다.

✳ **재미있는 활동과 읽을거리**

⬡ **수학 게임**

- 만들기 활동으로 수학에 관심과 흥미를 가지고 수학의 가치를 이해하며, 자연스러운 학습으로 자신감을 키울 수 있습니다.

- 수학 게임으로 재미있게 수학을 학습하고, 게임의 규칙과 승리 전략을 탐구하며 논리적인 사고력을 기를 수 있습니다.

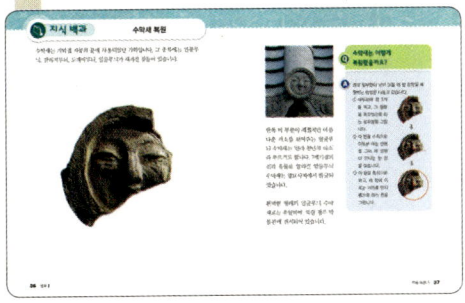

🗋 **지식 백과**

- 각 단원의 마지막에 있는 읽을거리로 사회, 과학, 예술 및 실생활 사례 등을 수학적으로 바라볼 수 있도록 하였습니다.

- **Q A**는 지식을 업그레이드 할 수 있는 코너로 아이들 눈에 궁금할 수 있는 질문과 그에 대한 명쾌한 답을 실었습니다.

✳ **빠른 답과 바른 풀이**

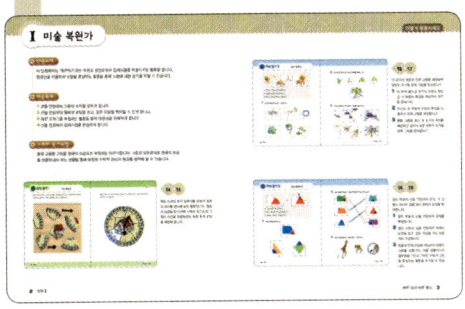

- 각 단원을 간단히 소개하고 학습 목표 및 방향을 바로 세울 수 있게 구성하였습니다. 빠르고 쉽게 정답을 확인할 수 있으며 학부모용 활용 방법을 제시하여 학습지도에 도움이 되도록 하였습니다.

이 책의 차례 CONTENTS

명화 I

미술 복원가

이렇게 아름다웠던 그림이…….

"불이야!"

1961년 어느 날,
뉴욕의 메트로폴리탄 미술관에 불이 났어요.
메트로폴리탄 미술관에는 세계적으로 유명한 수많은 그림들이
전시되어 있지요. 다행히 불은 금방 꺼졌지만 큰일이 벌어지고 말았어요.

클로드 모네의 '수련' 그림이 불에 타 버린 거예요.

"대체 이 그을음을 어떻게 지운담?
　　　　　　3년 전에도 불이 났었는데 또 이런 일이……."

미술관 직원들은 골머리를 앓기 시작했어요.
그을음은 물로 지워지지 않을 뿐더러,
알코올로 닦는다면 물감이 부서지거나
색이 변할 수 있기 때문이에요.

그림을 고치는 의사선생님에게
맡기는 수밖에!

미술관 직원들은 그림 의사 선생님에게 작품을 보냈어요.

그림 의사 선생님은 사람처럼 나이를 먹어 색이 바래거나,
어딘가에 부딪혀서 갈라지거나,
이물질이 묻거나 물에 젖어서 쭈글쭈글해진 그림을
원래대로 되살리는 일을 해요.

"안녕하세요, 그림 의사 선생님, 이 자국을 없앨 수 있을까요?"

선생님은 그림을 천천히 들여다보시더니 고개를 끄덕이셨어요.
그리곤 작업실에서 한참을 계시더니 "다 치료했다!"며 나오셨어요.
그림 속의 그을음은 흔적도 없이 사라지고 '수련'은 푸른색과 초록색으로 다시 살아났어요.

"기적 같아요! 시커멓던 그림이 이렇게 변하다니!"

지후는 엄마가 만든 도자기 시계를 깨뜨렸습니다. 깨진 시계 조각을 맞추려고 합니다. 도자기 시계를 원래대로 만들 수 있을까요?

깨진 시계 조각 하나가 보이지 않습니다. 사라진 조각은 어떤 모양일까요?
상상하여 그려 봅시다.

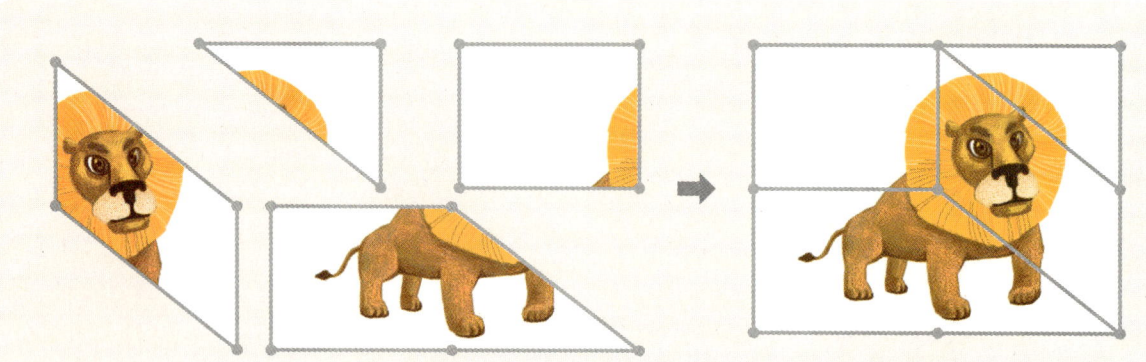

① 조각의 모양을 잘 관찰합니다.

② 전체의 모양을 예상해 봅니다.

③ 길이가 같은 부분끼리 붙입니다.

1 빈 곳에 들어갈 조각에 ○표 하시오.

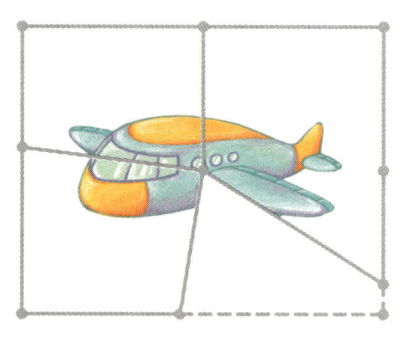

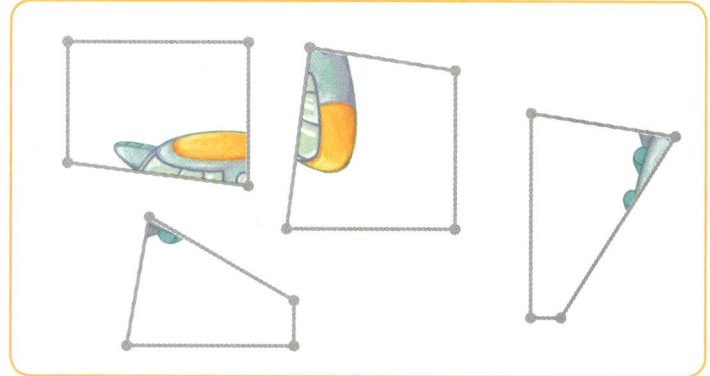

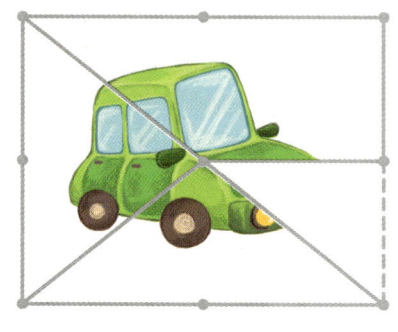

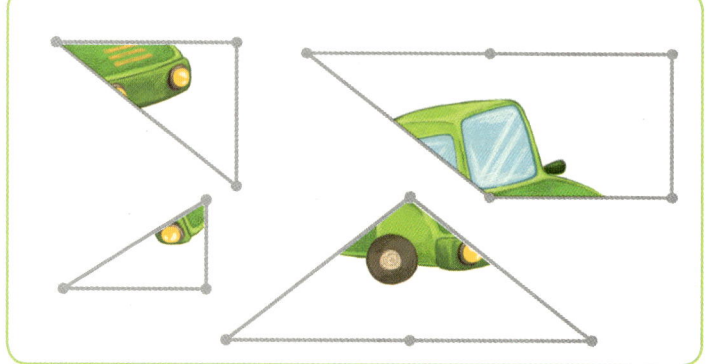

2 조각의 모양을 선으로 그리고, 번호를 써넣으시오.

3 조각의 모양을 선으로 그리고, 번호를 써넣으시오.

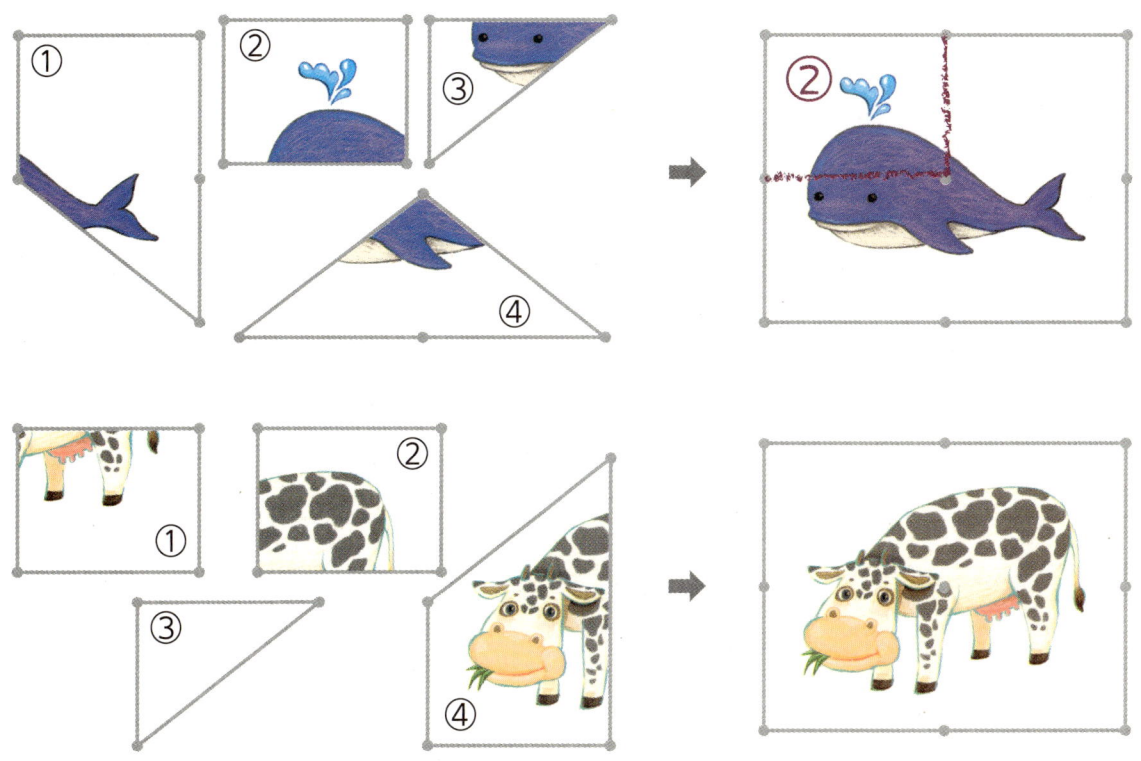

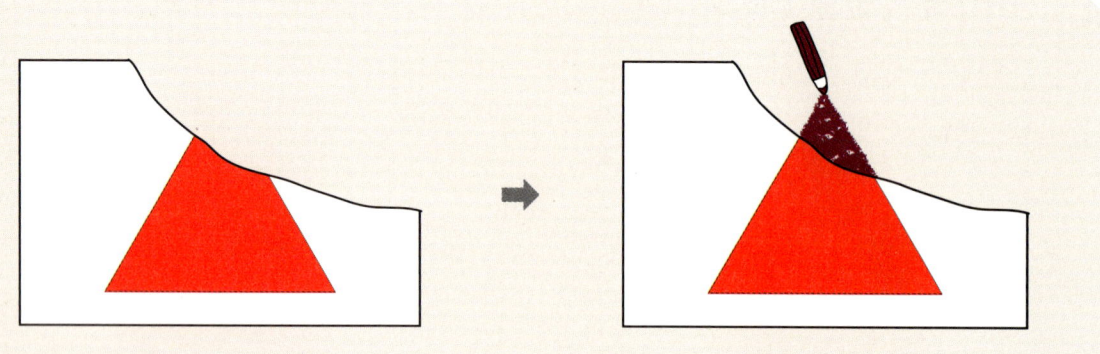

① 선을 연장하여 긋습니다.

② 선과 선이 만나는 점을 찾습니다.

③ 원래의 모양대로 복원합니다.

1 잘린 부분을 완성하시오.

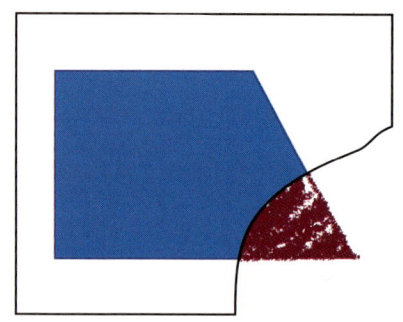

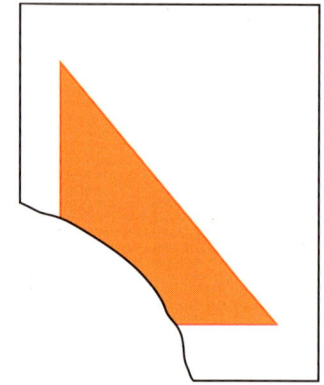

2 잘린 부분을 완성하고, 같은 모양끼리 선으로 이어 보시오.

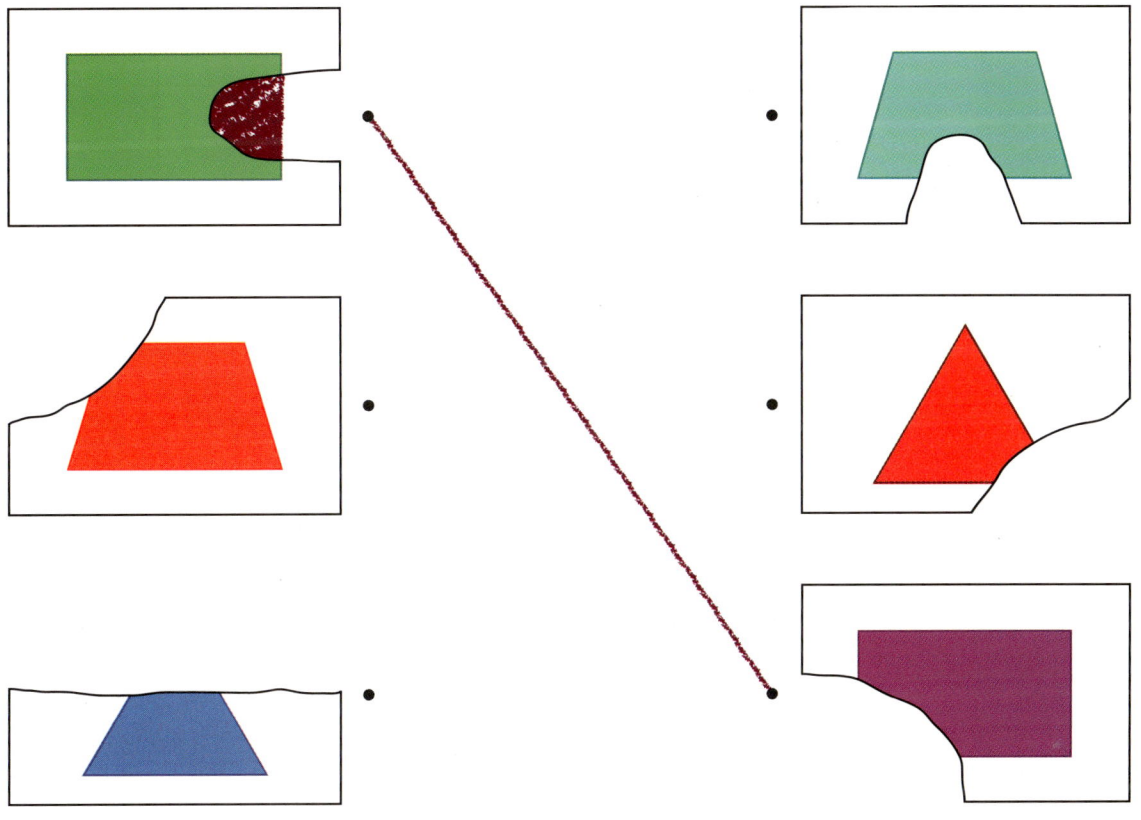

3 빠진 부분에 들어갈 그림을 찾아 ○표 하시오.

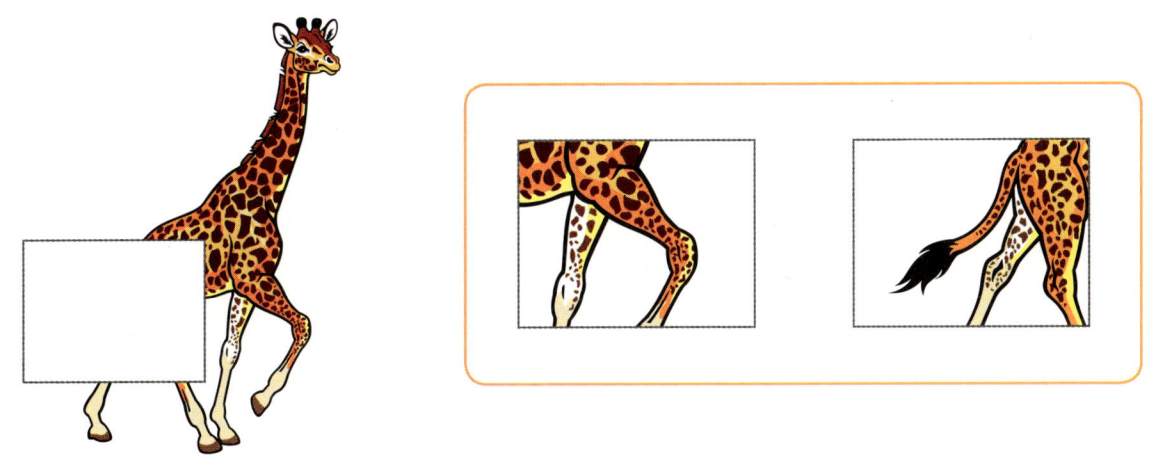

[카페트]

1 이란의 타브리즈 지역의 카페트는 사람들이 직접 손으로 만드는 것으로, 화려하고 정교한 무늬로 유명합니다. 구멍 난 부분에 알맞은 무늬를 골라 ○표 하시오.

2 직소퍼즐은 여러 개의 조각을 맞추어 하나의 그림을 완성하는 퍼즐입니다. 1700년대 영국에서는 다른 나라나 도시의 위치를 공부하기 위해 직소퍼즐을 이용했고, 현재는 명화를 이용한 직소퍼즐이 많습니다. 빈 곳에 알맞은 퍼즐 조각을 찾아 ○표 하시오.

고흐 〈빈센트의 의자〉

[그림 조각]

3 선을 따라 잘랐을 때 나오지 않는 조각을 찾아 ✕표 하시오.

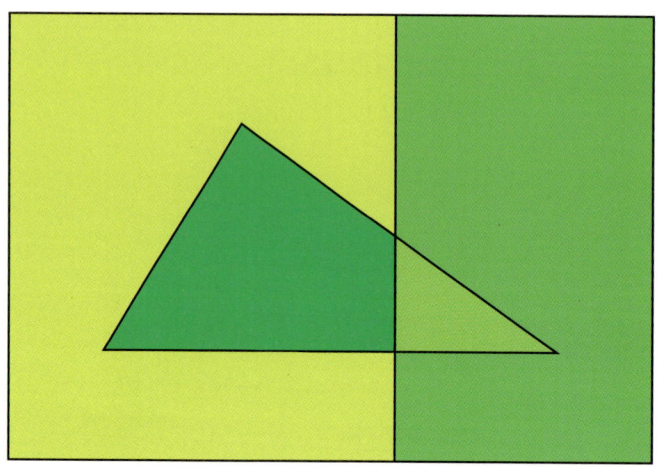

4 칸딘스키는 도형을 이용한 그림을 많이 그렸습니다. 다음은 칸딘스키의 작품을 보고 그린 그림입니다. 지워진 부분에 알맞은 그림을 찾아 ○표 하시오.

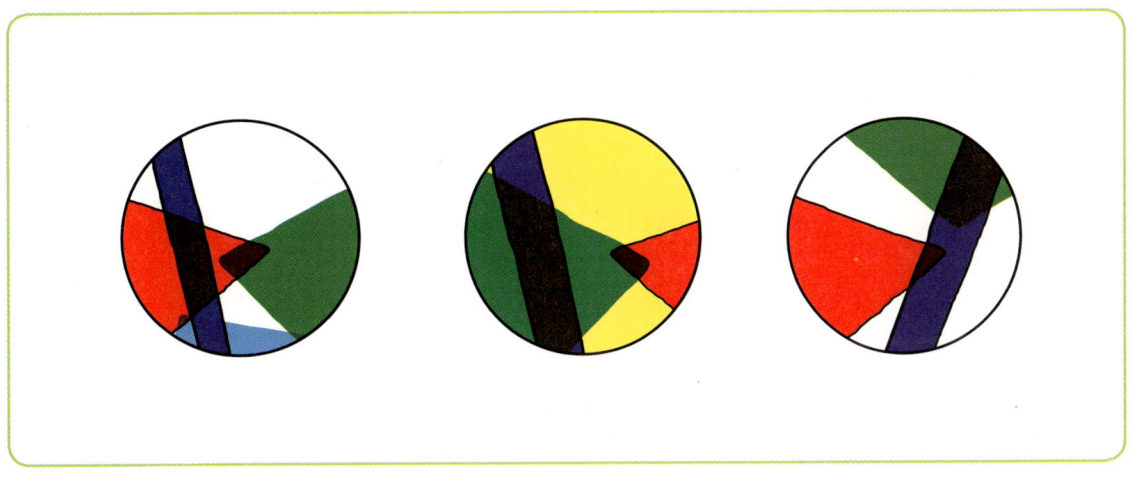

색종이 퍼즐

색종이 퍼즐을 만들어 봅시다.

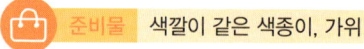 준비물 색깔이 같은 색종이, 가위

게임 방법

① 색깔이 같은 색종이 **3**장을 준비합니다.

② 각각의 색종이를 자유롭게 **4**조각으로 오려서 조각을 냅니다.

예

③ 조각을 잘 섞습니다.

④ 친구와 조각을 바꾸어 원래의 색종이를 맞추어 봅니다.

⑤ 먼저 색종이 **3**장을 맞춘 사람이 이깁니다.

유물 복원하기

조상들이 남긴 물건 ●━━┐ ┌━━● 원래 상태로 되돌림

마음이는 영국 여행 때 대영 박물관에 다녀왔습니다. 대영 박물관에는 세계 여러 나라의 아름다운 유물들이 전시되어 있었습니다.

유물들 중에는 깨진 것들도 있었습니다. 유물이 원래의 아름다움을 찾을 수 있게 그림을 그려 완성해 봅시다.

① 모양을 잘 관찰합니다.

② 깨지지 않은 부분의 선을 연장하여 긋습니다.

③ 원래의 모양대로 복원합니다.

1　　알맞은 조각을 찾아 ○표 하시오.

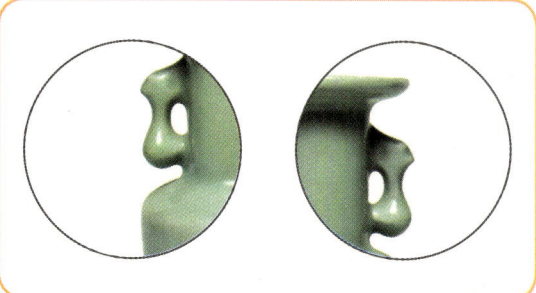 

2 알맞은 조각을 찾아 선으로 이어 보시오.

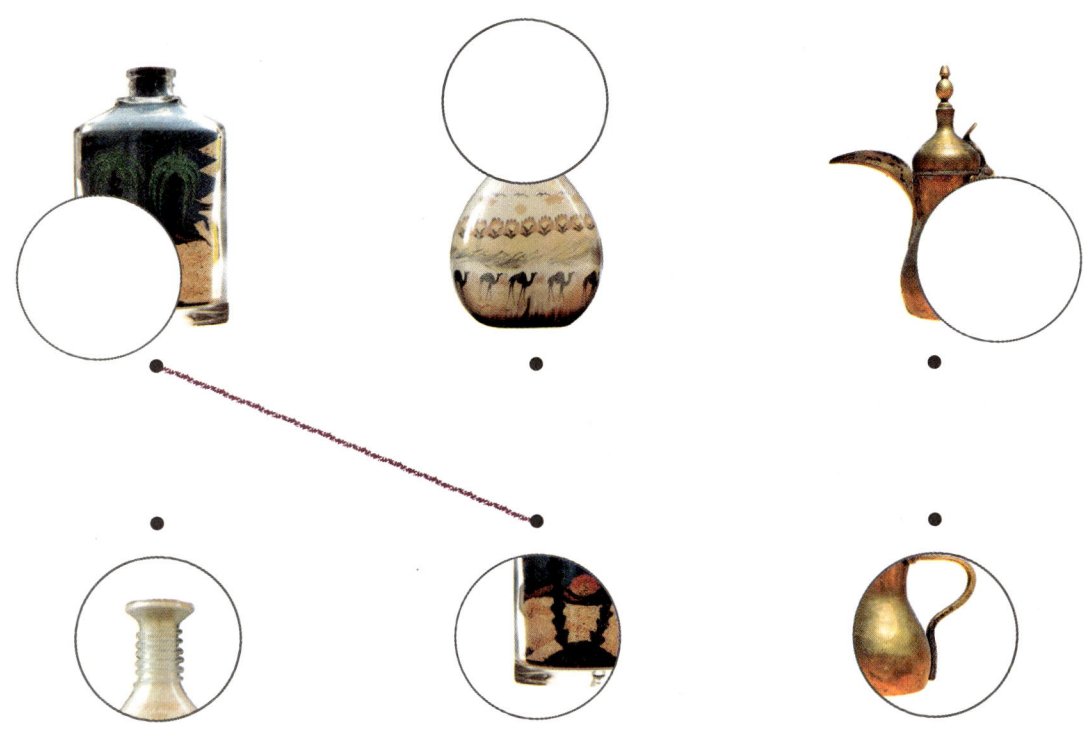

3 깨진 부분의 모양을 예상하여 그림을 완성하시오.

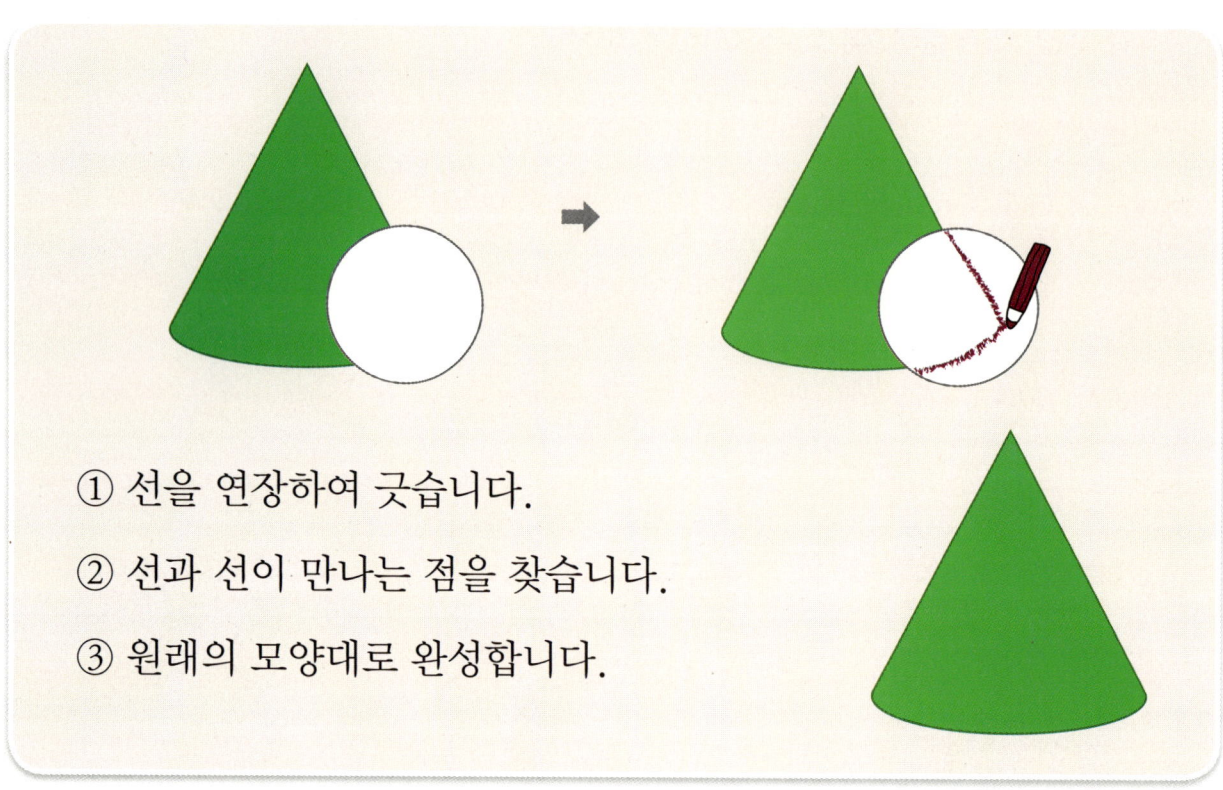

① 선을 연장하여 긋습니다.

② 선과 선이 만나는 점을 찾습니다.

③ 원래의 모양대로 완성합니다.

1 알맞은 조각을 찾아 선으로 이어 보시오.

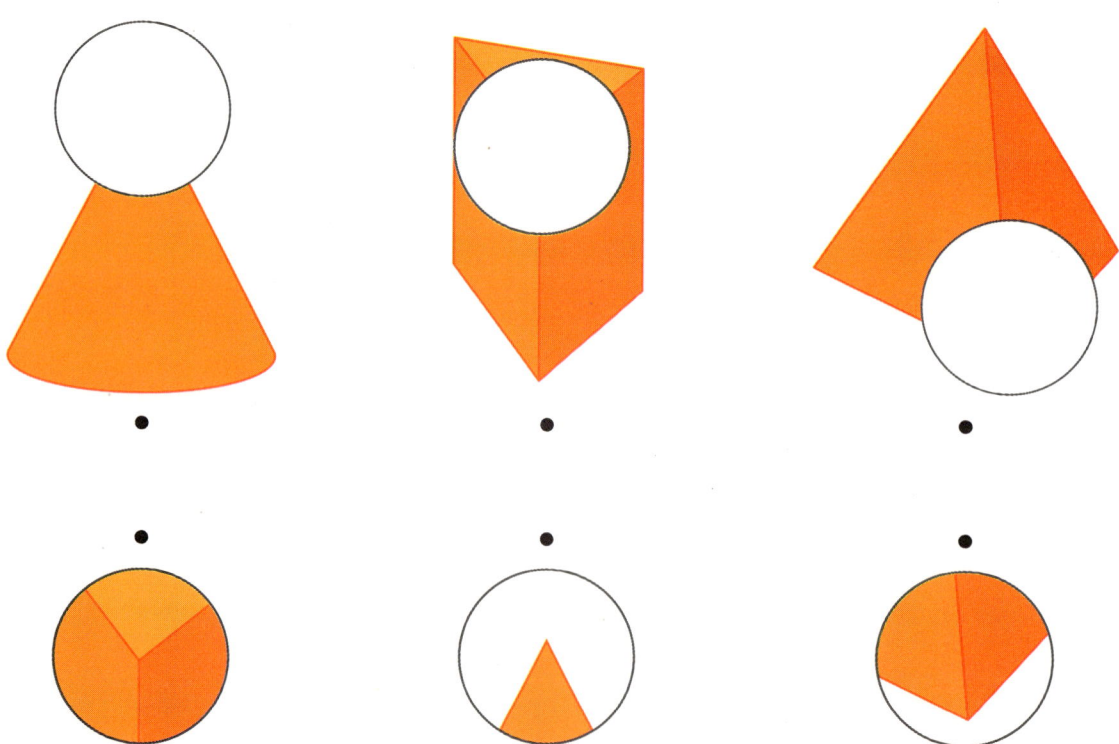

2 알맞은 입체 조각을 찾아 ◯표 하시오.

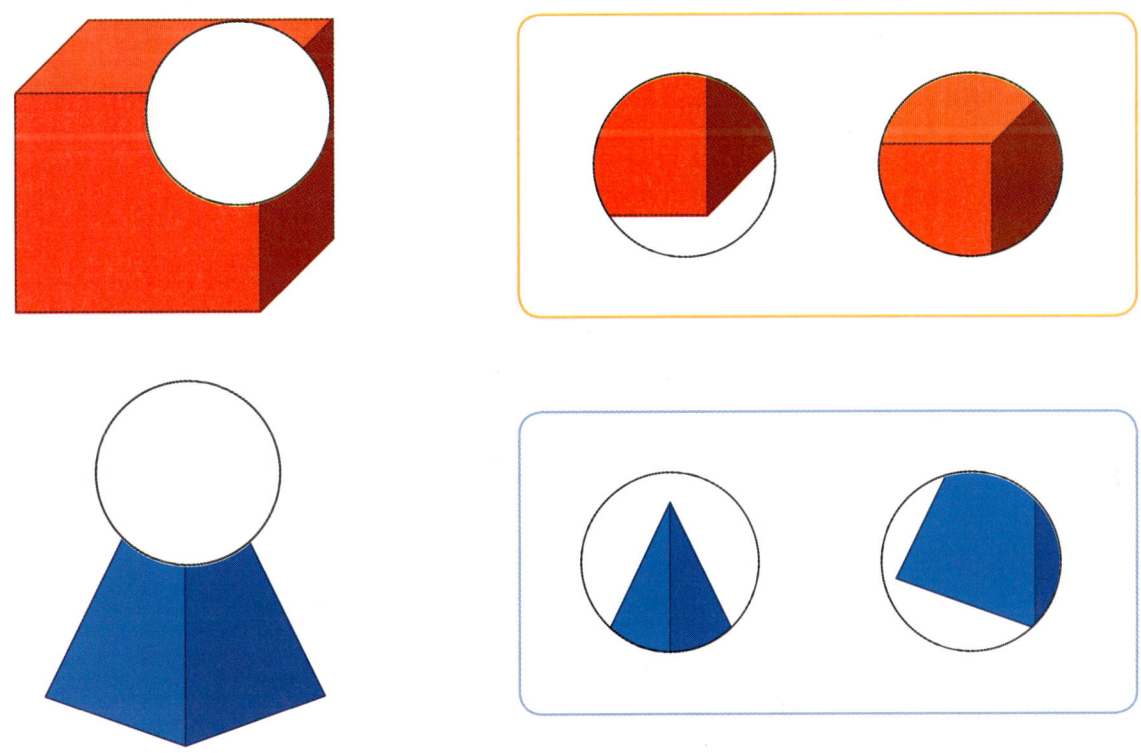

3 알맞은 그림을 그려 넣으시오.

[조각 맞추기]

1 부러진 칼 조각을 맞추어 아버지와 아들임을 알게 되었다는 고구려의 주몽과 아들 유리왕의 이야기가 있습니다. 지우는 하트 모양의 목걸이를 조각내어 맞추어 보기로 했습니다. 관계있는 것끼리 선으로 이어 보시오.

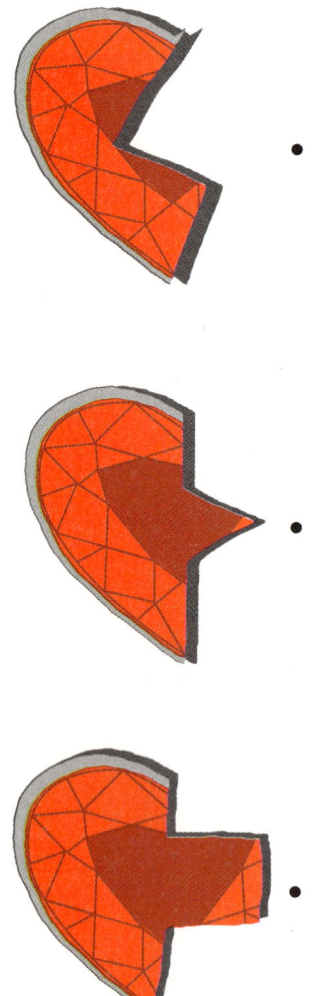

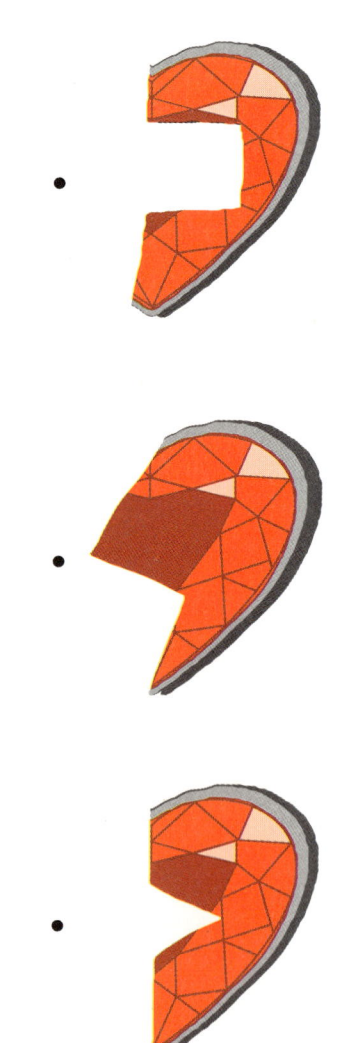

2 벽돌 6장을 쌓고 무늬를 새겼습니다. 사용하지 않은 벽돌을 찾아 ×표 하시오.

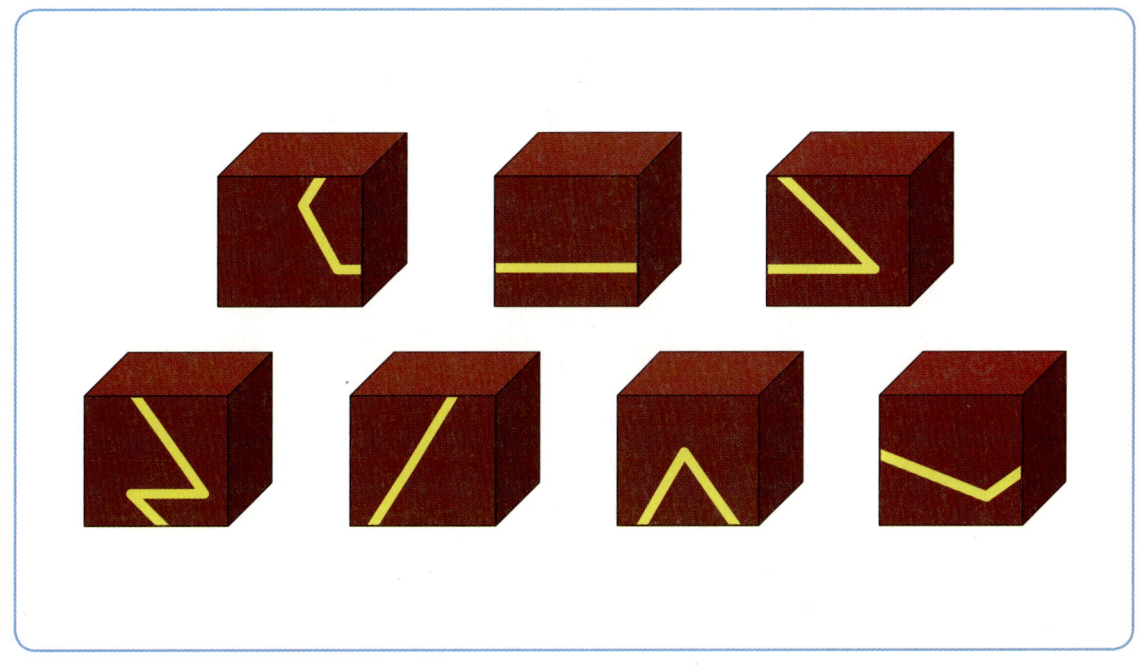

[만들 수 있는 모양]

3 주어진 블록 조각으로 입체도형을 만들려고 합니다. 만들 수 있는 모양을 찾아 ○표 하시오.

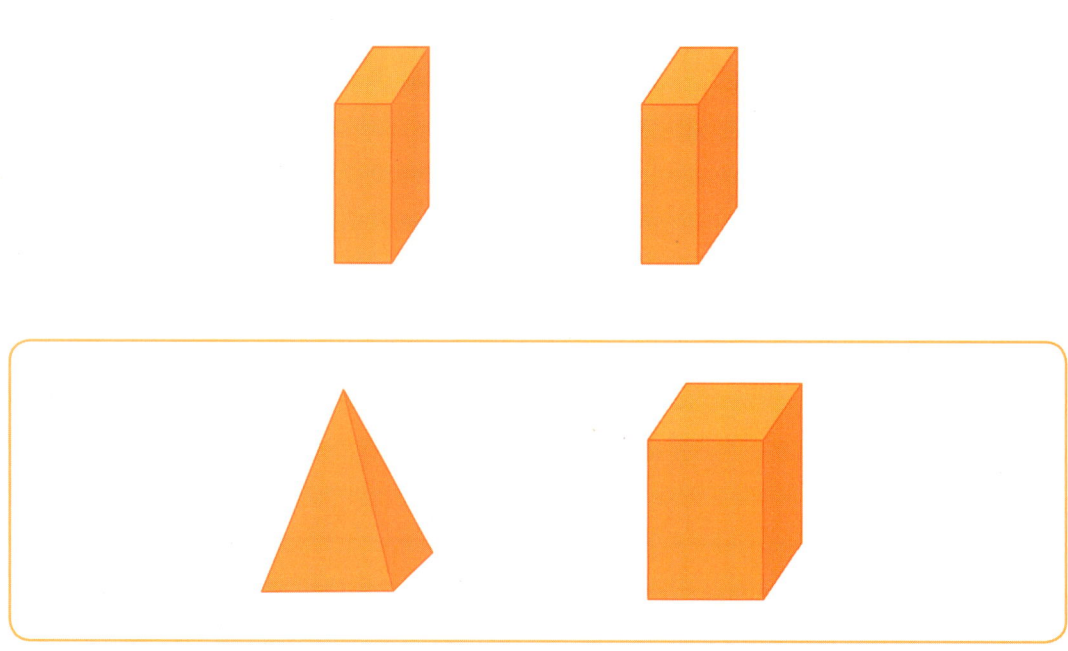

4 블록 2조각을 사용해 만든 입체도형입니다. 사용하지 않은 조각을 오른쪽에서 골라 ✕표 하시오.

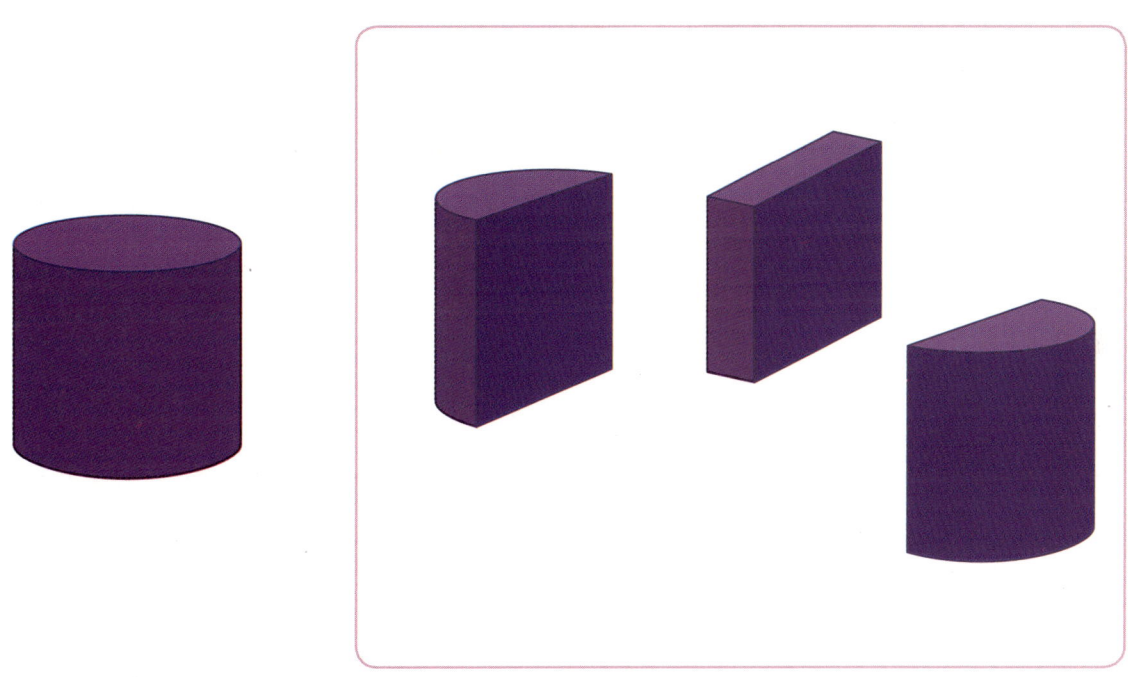

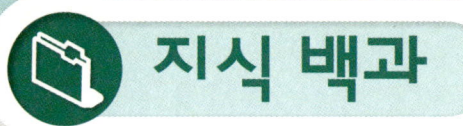

수막새 복원

수막새는 기와집 지붕의 끝에 사용되었던 기와입니다. 그 종류에는 연꽃무늬, 감꼭지무늬, 도깨비무늬, 얼굴무늬가 새겨진 것들이 있습니다.

한쪽 턱 부분이 깨졌지만 아름다운 미소를 보여주는 얼굴무늬 수막새는 '신라 천년의 미소'라 부르기도 합니다. 7세기경의 신라 유물로 알려진 얼굴무늬 수막새는 영묘사지에서 발굴되었습니다.

완벽한 형태의 얼굴무늬 수막새로는 유일하며, 국립 경주 박물관에 전시되어 있습니다.

Q 수막새는 어떻게 복원했을까요?

A 원의 일부만이 남아 있을 때 원 모양을 복원하는 방법은 다음과 같습니다.

① 테두리에 점 3개를 찍고, 그 점들을 꼭짓점으로 하는 삼각형을 그립니다.

② 각 변을 수직으로 이등분 하는 선분을 그어 세 선분이 만나는 한 점을 찾습니다.

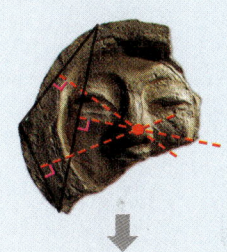

③ 이 점을 중심으로 하고, 세 점에 이르는 거리를 반지름으로 하는 원을 그립니다.

명화 Ⅱ

큐레이터

어떤 작품을 전시할까?

프랑스의 한 미술관에 앙리라는 큐레이터가 있었어요.
앙리는 좋은 미술품들을 수집하고, 전시회를 기획하는 일을 했어요.

어느 날,
그는 파리에서 새로운 그림이 유행하고 있다는 소문을 들었어요.

앙리는 부푼 마음으로 파리에 도착했어요.
파리는 카페, 극장, 레스토랑 등이 가득한 활기찬 도시였어요.

이곳에서 화가들이 자주 모였소.
이름이 고흐, 고갱, 세잔이었던 것 같은데……

앙리는 카페 주인의 소개로 화가들의 이름을 알 수 있었어요.
그는 여기저기 돌아다니며 세 화가들의 그림을 찾았어요.

그림을 본 앙리는 깜짝 놀랐어요.
"이 그림들은 이제까지 봤던 것과 전혀 달라!
뚜렷한 개성이 넘치는군!"

앙리는 그림들을 전시하기로 결심했어요.
'그런데 이 전시회의 이름을 뭐라고 하지?
음……. 그렇지!'

앙리는 〈20세기 미술의 위대한 탄생〉
이라는 이름을 붙였어요.

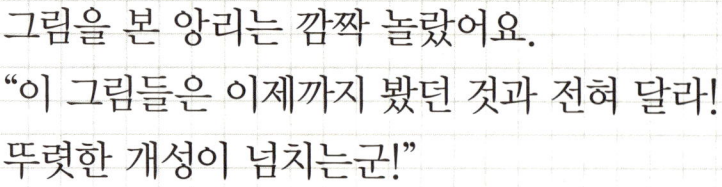

앙리는 전시회를 알리기 위해 포스터도 만들고, 광고도 했어요.
사람들은 호기심을 보이며 하나둘 전시회에 모였어요.
전시회가 성공적으로 끝나자 앙리는 매우 기뻤어요.
'다음에는 어떤 작품을 전시할까?'
앙리는 또다시 즐거운 고민에 빠졌답니다.

반 고흐

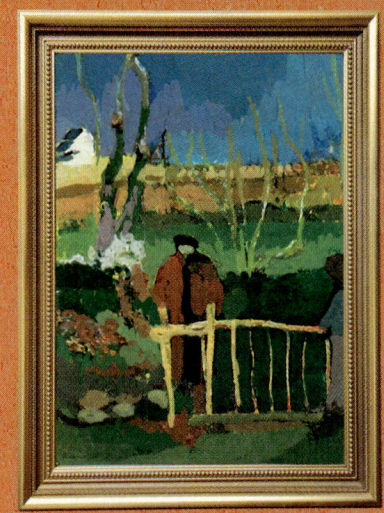

폴 고갱

사물을 있는 그대로 그리지 않은 새로운 그림들이야.

이런 그림들을 이제야 보게 되다니!

작품들을 보고 기준을 정해 분류해 봅시다.

고흐 〈별이 빛나는 밤〉

세잔 〈정물〉

세잔 〈사과와 오렌지〉

고흐 〈라크로의 추수〉

큐레이터 가연이는 전시회를 준비하며 작품을 분류했습니다. 가연이가 작품을 분류한 기준을 이야기해 보시오.

어떻게 분류하면 좋을까?

인물화 　　　　　　　　　　　풍경화

라파엘로 〈자화상〉　　　렘브란트 〈자화상〉　　　　고흐 〈라크로의 추수〉　　　고흐 〈별이 빛나는 밤〉

- 공통점을 찾아 기준을 정해 나누는 것을 분류하기라고 합니다.
- 왼쪽 그림은 사람의 얼굴을 주제로 그린 인물화입니다.
- 오른쪽 그림은 풍경을 주제로 그린 풍경화입니다.

1 가 그림에 어울리는 것에는 ○표, 나 그림에 어울리는 것에는 △표 하시오.

가 　　　　나

2 가 그림에 어울리는 것에는 ◯표, 나 그림에 어울리는 것에는 △표 하시오.

가

나

3 그림을 나눈 기준을 골라 빈칸에 써넣으시오.

인물화   풍경화

존 컨스터블 〈건초마차〉   세잔 〈생트 빅투아르산〉   세잔 〈붉은 조끼를 입은 소년〉 마네〈피리부는 소년〉

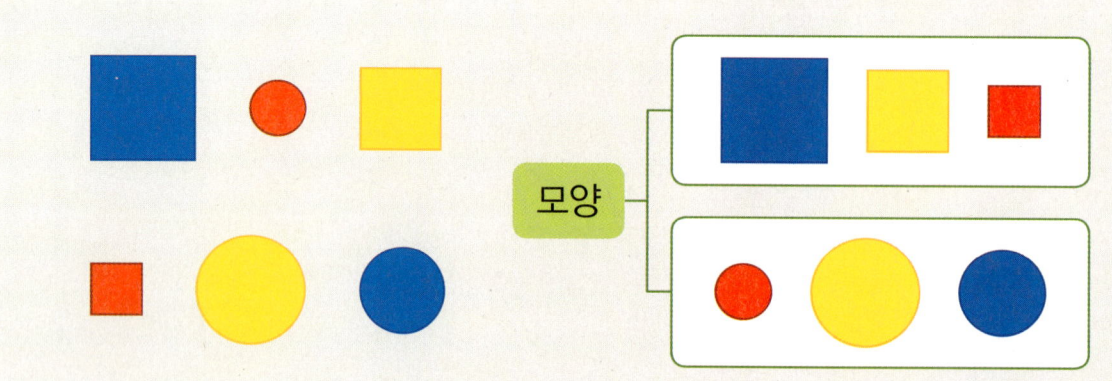

- 모양, 크기, 색깔 등 다양한 공통점을 찾아 여러 가지 기준으로 분류할 수 있습니다.

- 모양에 따라 ■ 모양과 ● 모양으로 분류할 수 있습니다.

1 기준에 따라 분류해 보시오.

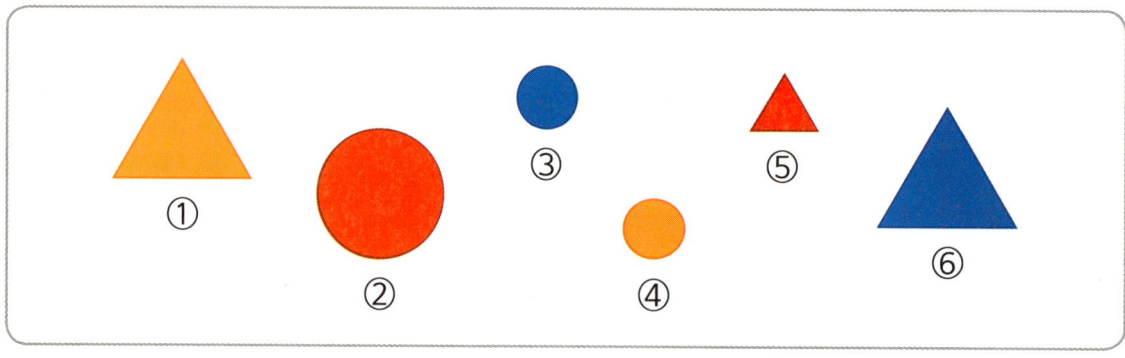

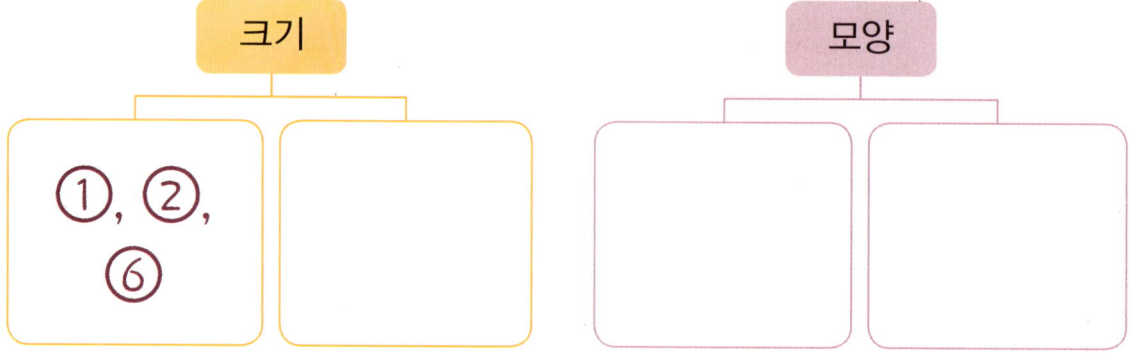

2 기준에 따라 분류해 보시오.

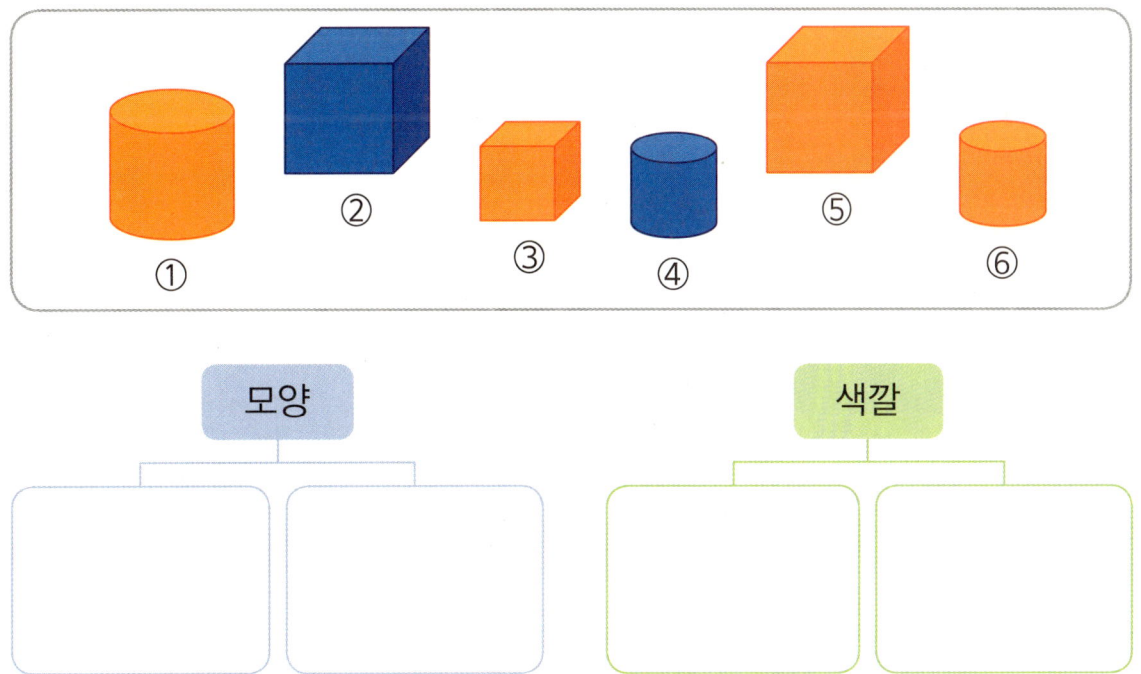

모양		색깔	

3 기준에 따라 분류해 보시오.

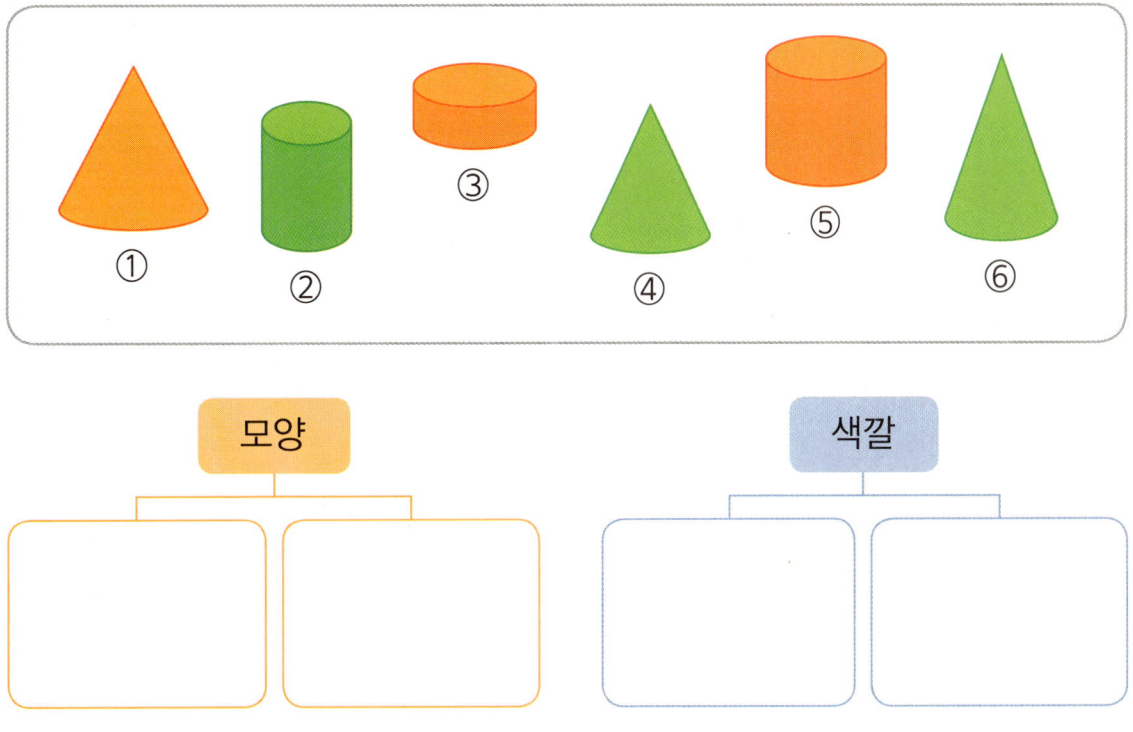

모양		색깔	

1 [장소]

각각의 장소에서 볼 수 있는 사람을 찾으려고 합니다. 가 그림에 어울리는
사람은 ◯표, 나 그림에 어울리는 사람은 △표 하시오.

가

나

2 속성카드를 보고 다음을 완성하시오.

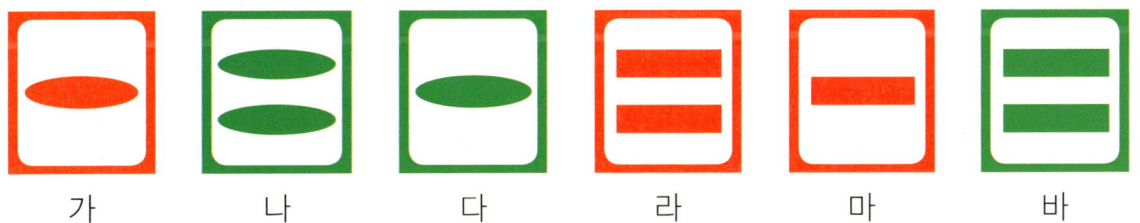

가　　　나　　　다　　　라　　　마　　　바

● 도형의 개수에 따라 분류합니다.

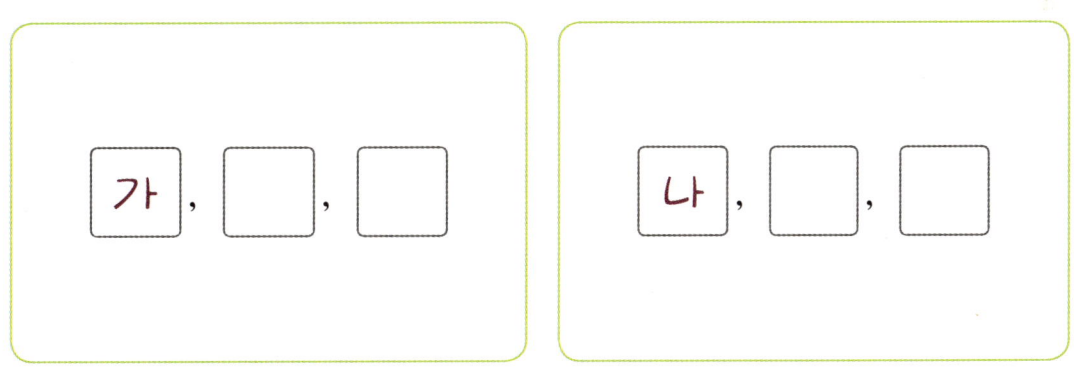

● 도형의 [　　] 에 따라 분류합니다.

[분류]

3 주어진 도형은 공통점을 찾아 2번 연속으로 분류할 수 있습니다. 기준을 정하여 2번 연속으로 분류해 보시오.

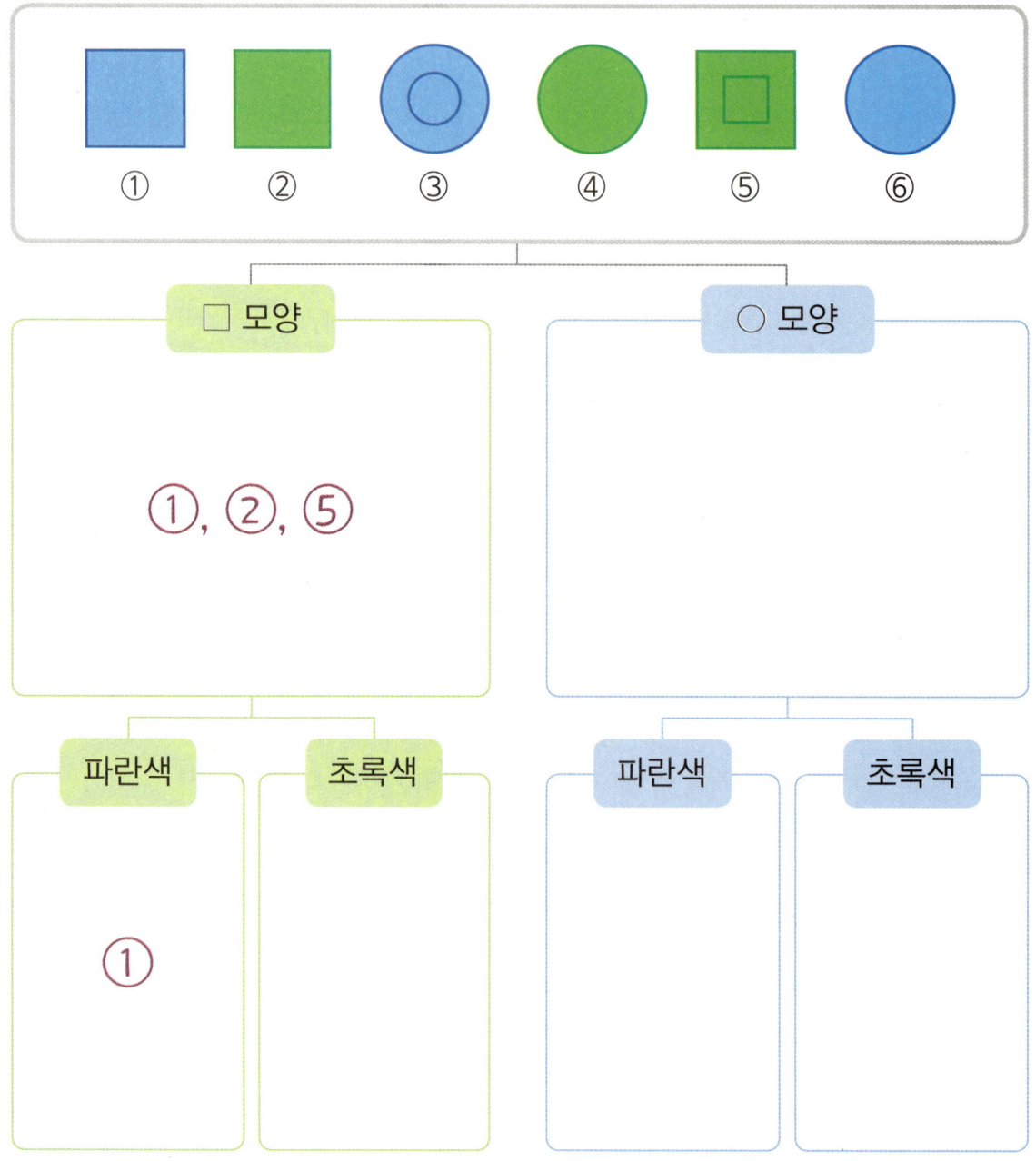

4 천재미술관의 큐레이터는 작품을 2개 층으로 분류하여 전시하려고 합니다. 그림을 분류하여 붙임 딱지를 붙여 보시오. 또, 왜 그렇게 분류했는지 이야기해 보시오.

붙임 딱지 · 명화

세잔 〈정물〉

신윤복 〈쌍검대무〉

신윤복 〈단오풍정〉

세잔 〈사과와 오렌지〉

|층

2층

블록 속성 게임을 진행해 봅시다.

 준비물 속성카드

게임 방법

1 속성카드 16장을 잘 섞어 8장씩 나누어 갖습니다.

2 가위바위보에서 이긴 사람이 먼저 모양이나 색깔이 같은 카드 중 개수가 가장 많은 카드를 바닥에 내려 놓습니다.

예

❸ 서로 번갈아 가며 바닥에 놓인 카드와 모양이나 색깔이 같은 카드를 내려 놓습니다. 단, 모양과 색깔 둘 중 하나만 같아야 하고, 카드는 반드시 같은 줄에만 놓아야 합니다.

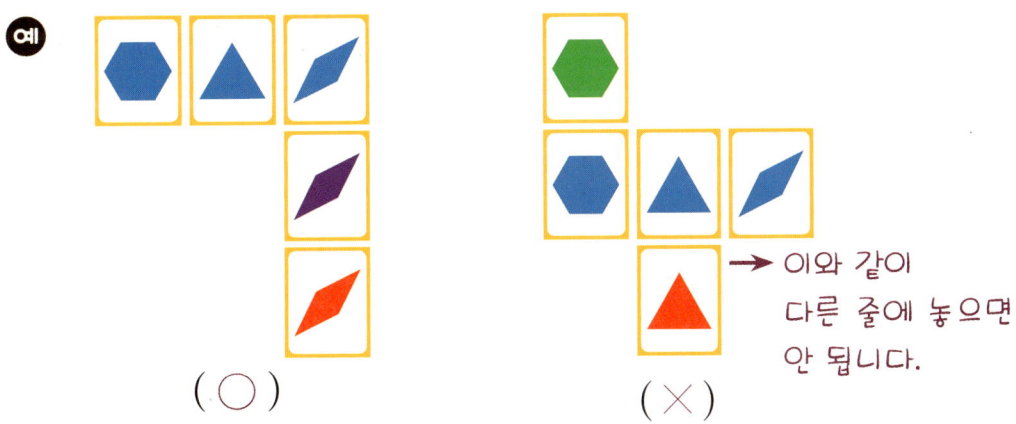

(○)

(×)

→ 이와 같이 다른 줄에 놓으면 안 됩니다.

❹ 먼저 카드를 모두 사용한 사람이 이깁니다.

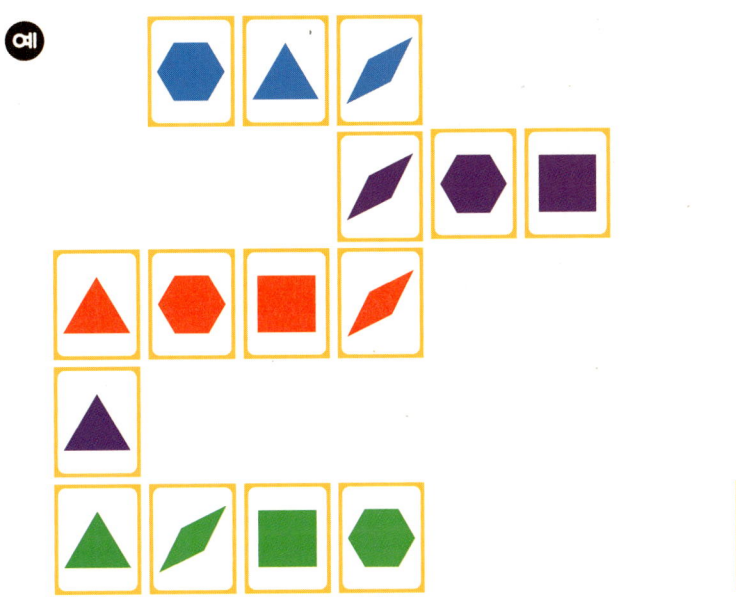

남은 카드

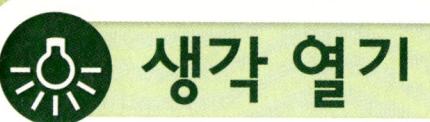

생각 열기 나는야, 추상화 작가

큐레이터 앙리가 추상화 전시회를 기획하며 추상화 작품을 수집했습니다. 그리고 마지막 그림을 작가에게 부탁을 해서 그리려고 합니다. 작가는 어떤 그림을 그려야 할까요?

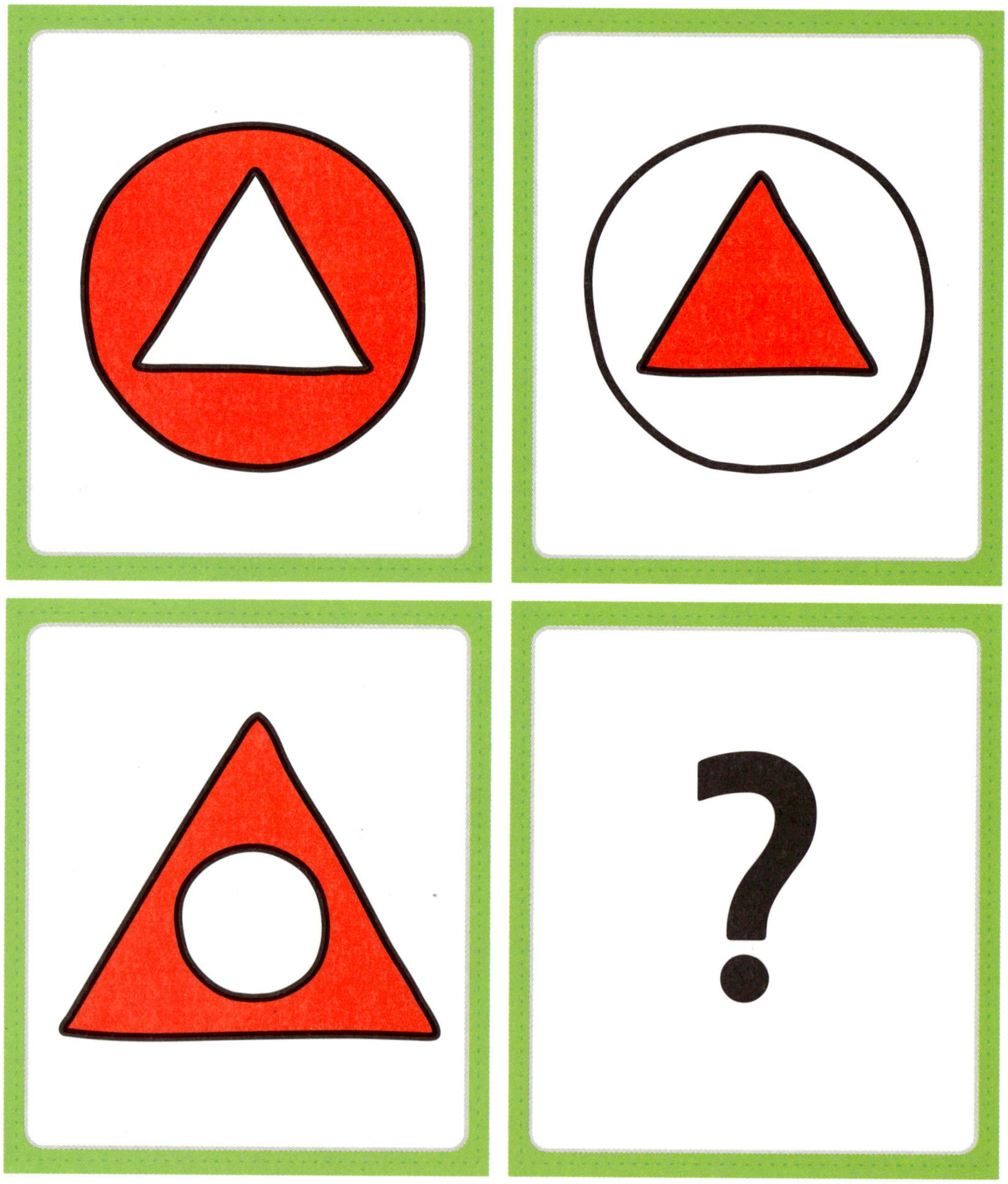

?에 들어갈 그림을 예상하여 그려 봅시다.

📖 개념 알기 3　　　　　유비추론

마네 〈피리 부는 소년〉

마네 〈비극 배우〉

르누아르 〈물뿌리개를 든 소녀〉

르누아르 〈파리의 처녀〉

　　소년　　：　남자 어른　➡　　　소녀　　：　여자 어른

앞의 관계를 보고 뒤의 관계를 예상하는 것을 유비추론이라고 합니다. 앞의 두 개의 그림 사이의 관계를 보고 다음에 올 그림을 예상할 수 있습니다.

1　그림을 보고 빈칸을 채우시오.

고갱 〈꽃병〉

：

고갱 〈두 개의 꽃병〉

세잔 〈정물〉

：

꽃병 1개 : 꽃병 2개 ➡ 접시 1개 : ☐

2 그림을 보고 빈칸을 채우시오.

모딜리아니
〈큰 모자를 쓴 잔 에뷔테른〉

모딜리아니
〈마리오 바르폴리의 초상화〉

장 오노레 프라고나르
〈책 읽는 소녀〉

프란스 할스 〈책 읽는 소년〉

모자를 쓴 여자 : 모자를 쓴 남자

➡ 책 읽는 여자 : ☐ 읽는 남자

3 그림 사이의 관계를 보고 빈 곳에 알맞은 그림에 ◯표 하시오.

카사트 〈자화상〉

르누아르
〈피아노 치는 소녀들〉

세잔 〈도미니크 오베르〉

?

고흐 〈자화상〉

르누아르 〈선상파티의 점심〉

마네 〈발코니〉

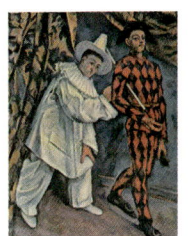

세잔
〈사육제 마지막 날〉

도형 유비추론

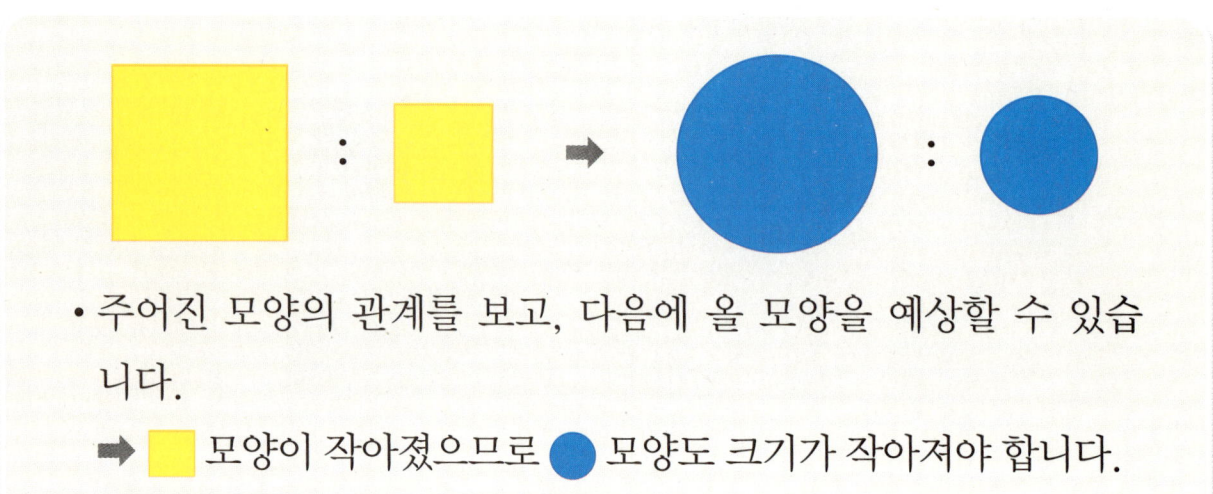

• 주어진 모양의 관계를 보고, 다음에 올 모양을 예상할 수 있습니다.

➡ ⬜ 모양이 작아졌으므로 🔵 모양도 크기가 작아져야 합니다.

1 빈 곳에 알맞은 그림을 그려 넣으시오.

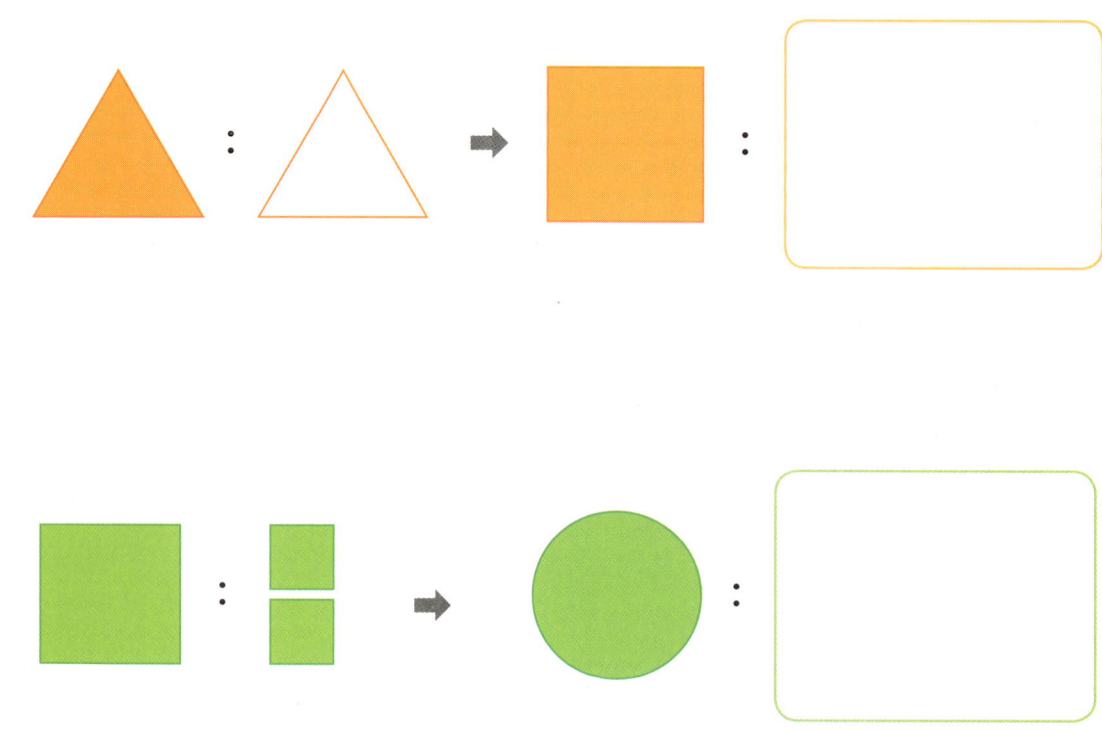

2 추론하여 마지막 그림에 색칠하시오.

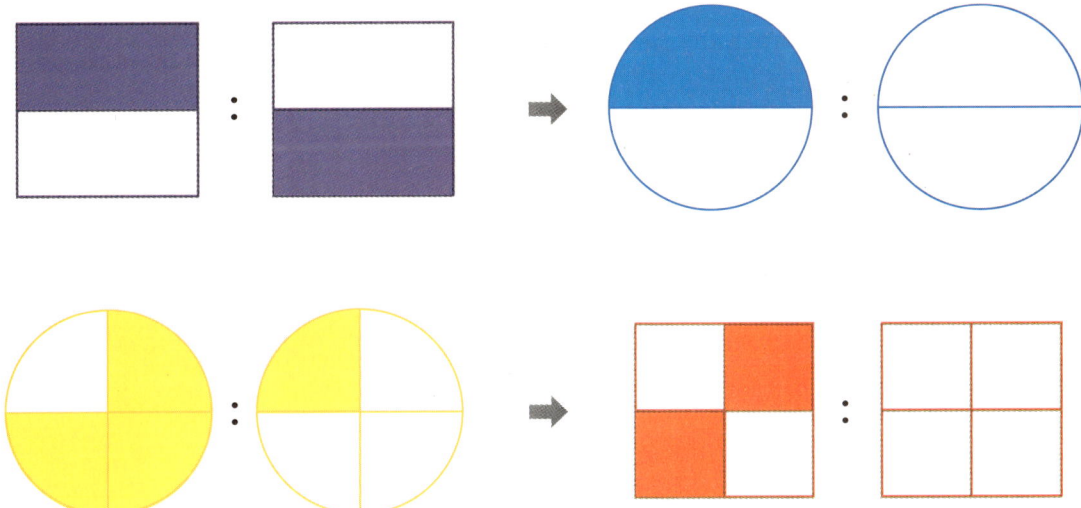

3 빈 곳에 알맞은 그림을 그려 넣으시오.

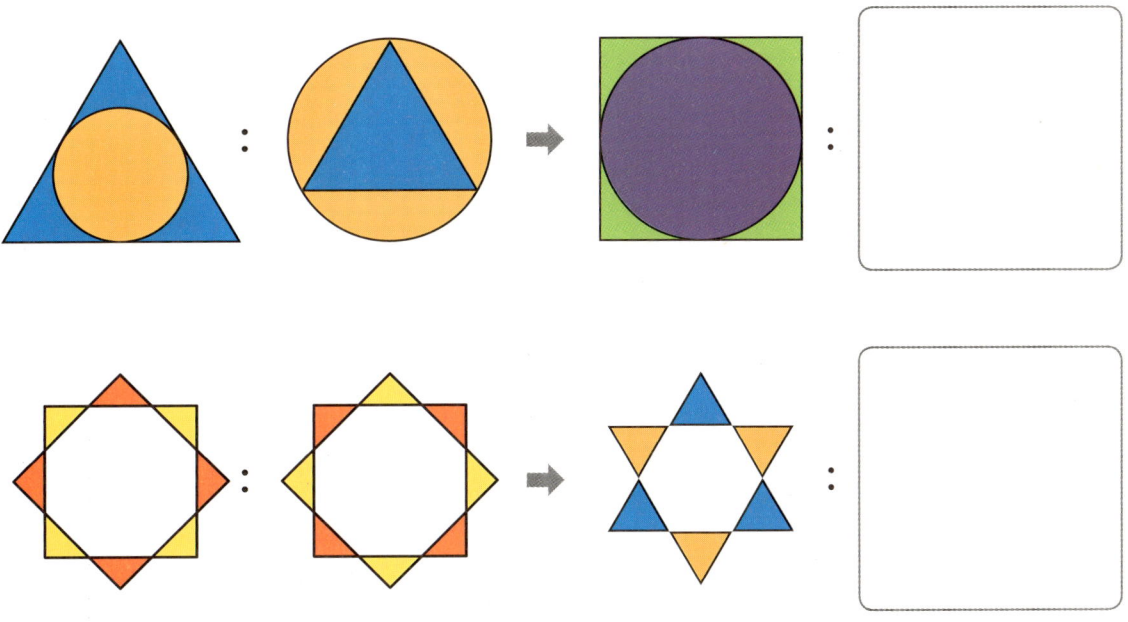

[도형 유비추론 1]

1 빈 곳에 알맞은 그림을 그려 넣으시오.

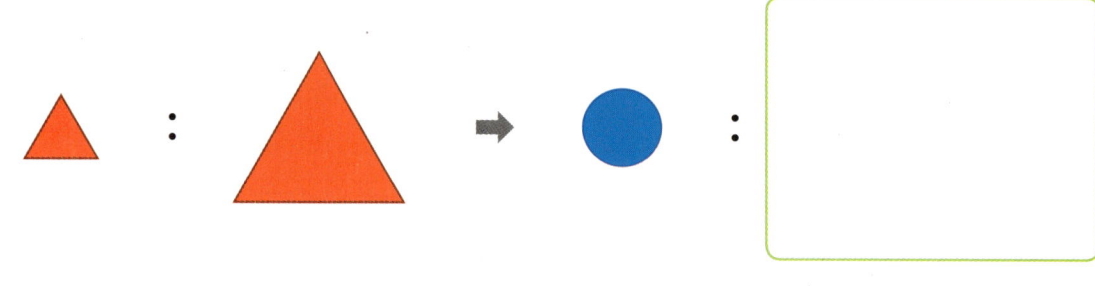

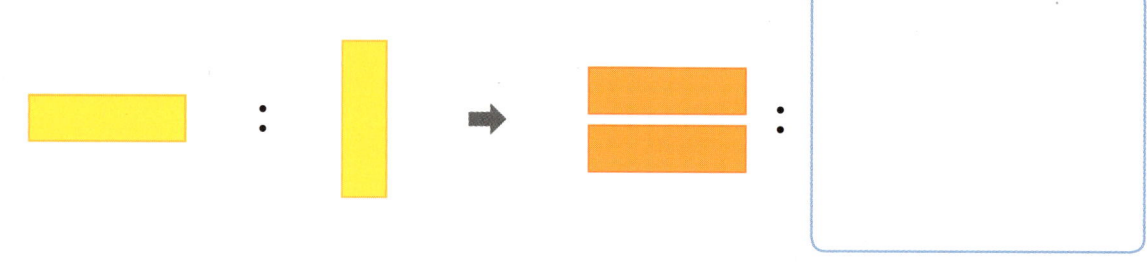

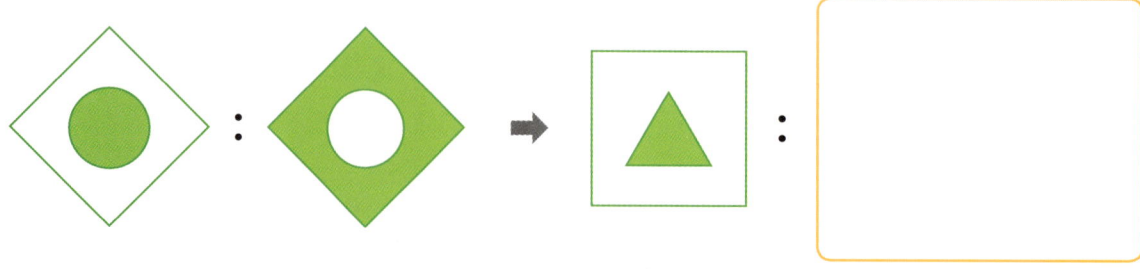

2 규칙을 찾아 빈 곳에 알맞은 그림을 그려 넣으시오.

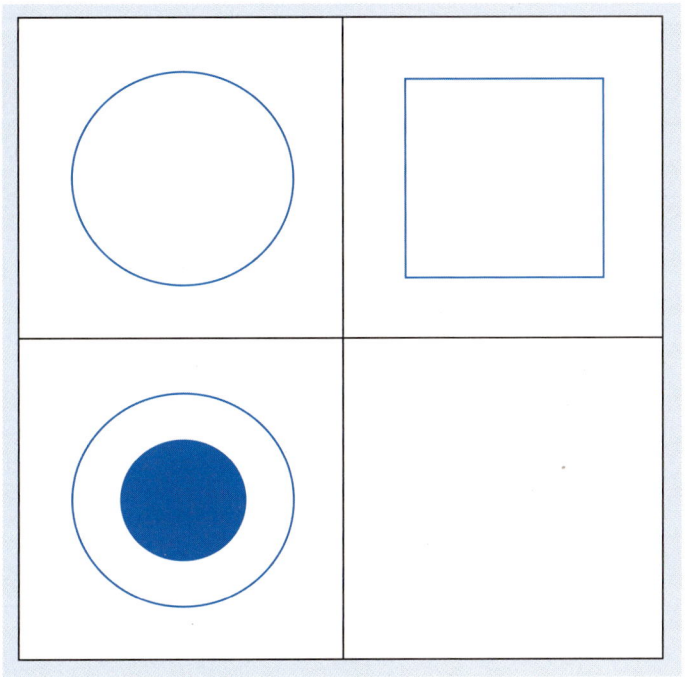

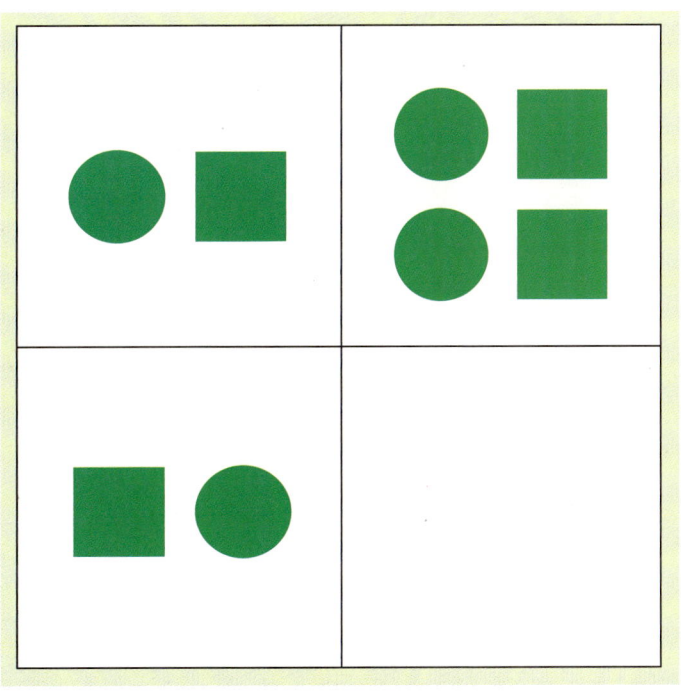

[도형 규칙]

3 규칙을 찾아 빈 곳에 알맞은 그림을 그려 넣으시오.

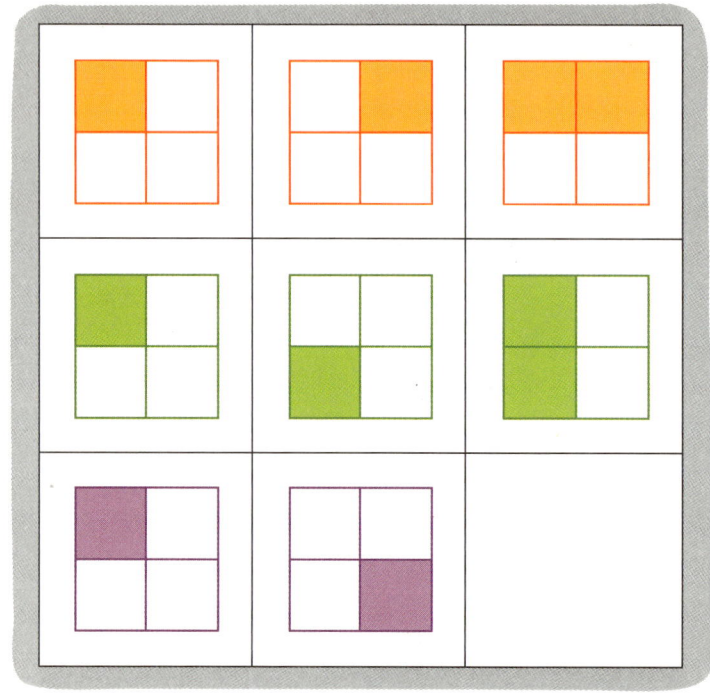

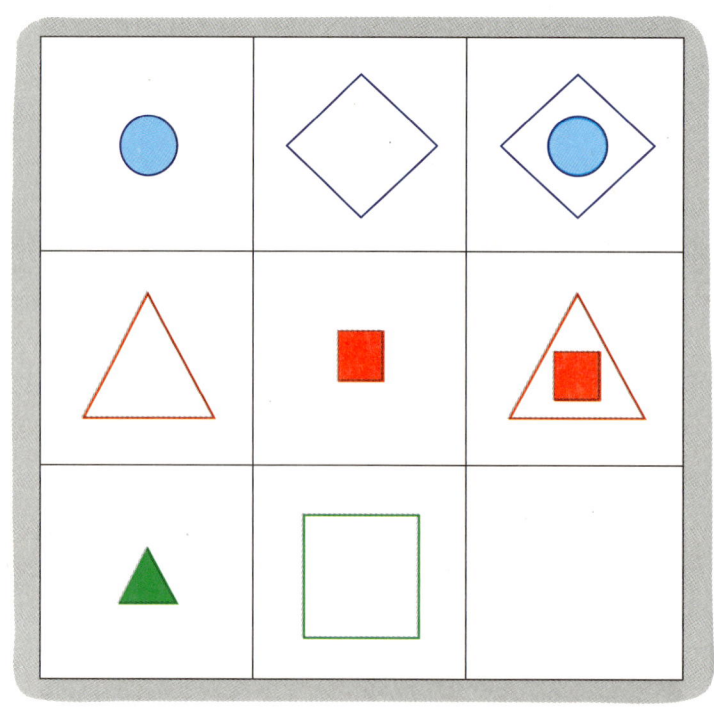

[명화 유비추론]

4 그림을 보고 빈 곳에 들어갈 그림을 그려 보시오.

베르메르 〈진주 귀걸이를 한 소녀〉

마네 〈식물원에서〉

고갱 〈소녀들의 원무〉

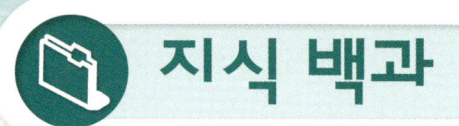

지식 백과 루브르 박물관

프랑스에는 세계 3대 박물관 중 하나인 루브르 박물관이 있습니다. 세계문화유산으로 지정되어 있으며, 세계에서 가장 많은 사람들이 방문하는 박물관입니다. 정문에는 유리 피라미드가 설치되어 있습니다.

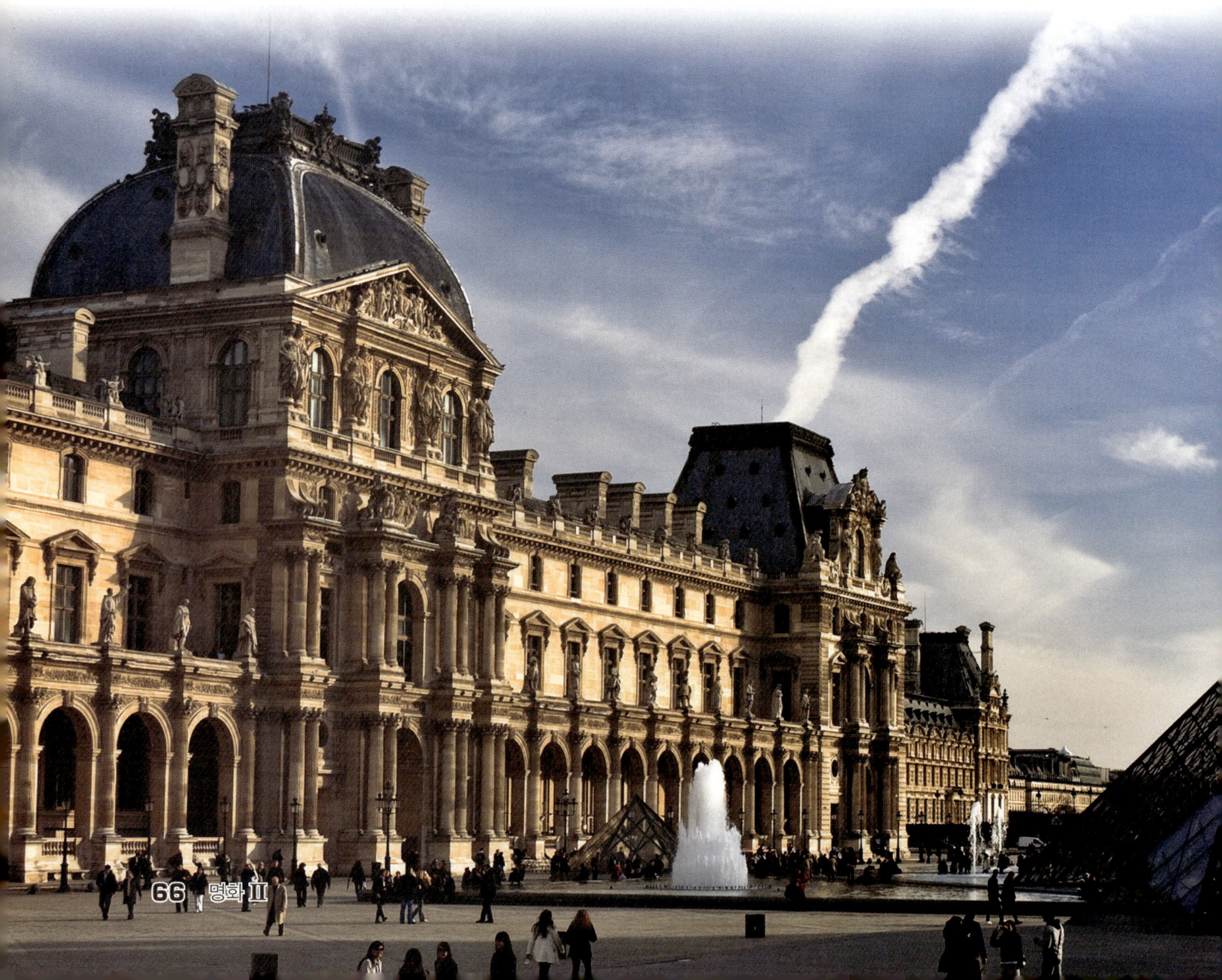

Q 루브르 박물관의 작품들은 어떻게 분류되어 있을까요?

A 루브르 박물관의 전시관은 지하에서 3층까지로 이루어져 있고, 지역과 시대에 따라 분류되어 있습니다.

3층	유럽 회화를 시대별로 전시 렘브란트, 루벤스, 베르메르 등의 작품
2층	19세기 프랑스 미술품 앵그르, 다비드, 들라크루아 등의 작품
1층	고대 이집트, 그리스, 로마 미술품 〈사모트라케의 니케〉, 〈밀로의 비너스〉 등
지하	고대 오리엔트, 이슬람 미술작품과 이탈리아, 스페인, 북유럽 조각품

명화 III

자동차 디자이너

말 없이 달리는 마차를 만들 거야.

자동차가 없던 옛날, 사람들은 무엇을 타고 다녔을까요?
대부분 걸어다녔어요. 먼 거리는 말을 타거나 말이 끄는 마차를 타고 다녔지요.

그런데 누군가 "말 없이 달리는 마차를 만들 거야."라고 결심했어요.
바로 칼 벤츠라는 독일 사람이었어요.
1886년, 칼 벤츠는 세계 최초로 자동차를 만들었어요.

세계 최초의 자동차

칼 벤츠 〈페이턴트 모터바겐〉

그거 봤어? 칼 벤츠가 이상한 물건을 만들었던데.

시끄러운 소리를 내면서 세 바퀴로 달리는 거? 타고 다닐 수나 있겠어?

자동차 디자이너 **71**

벤츠의 가족들이 다른 마을까지 무사히 자동차로 이동하자 사람들은 매우
놀랐어요. 소문은 빠르게 퍼졌어요.

사람들은 마차 대신 자동차를 사기 시작했어요.
처음 자동차의 모습은 마차에 가까웠지만
점점 발전해서 오늘날의 형태가 되었어요.

칼 벤츠가 만든 자동차 회사는 지금도 세계적으로 유명한 차들을 만들고 있어요.
앞으로는 또 어떤 새로운 자동차가 탄생할까요?

나도 자동차 디자이너

민우는 자동차를 디자인하고 자신의 이름을 따서 '미누'라고 이름을 붙였습니다. 민우가 만든 자동차 '미누'를 살펴볼까요?

미누는 세계 최초로
물을 연료로 하는 자동차야.
그래서 매연을 내뿜지 않고
시끄러운 소리도 거의 없어.
또 하늘을 날 수 있도록 만들어서
바퀴가 없는 게 특징이야.

나만의 자동차를 디자인해 보고, 친구에게 소개해 봅시다.

모델명 : 아우디 A8
생산지 : 독일

• 위, 앞, 옆에서 본 모양이 서로 다릅니다.

위   앞   옆

1 앞에서 본 모양으로 알맞은 것에 ○표 하시오.

2 옆에서 본 모양으로 알맞은 것에 ◯표 하시오.

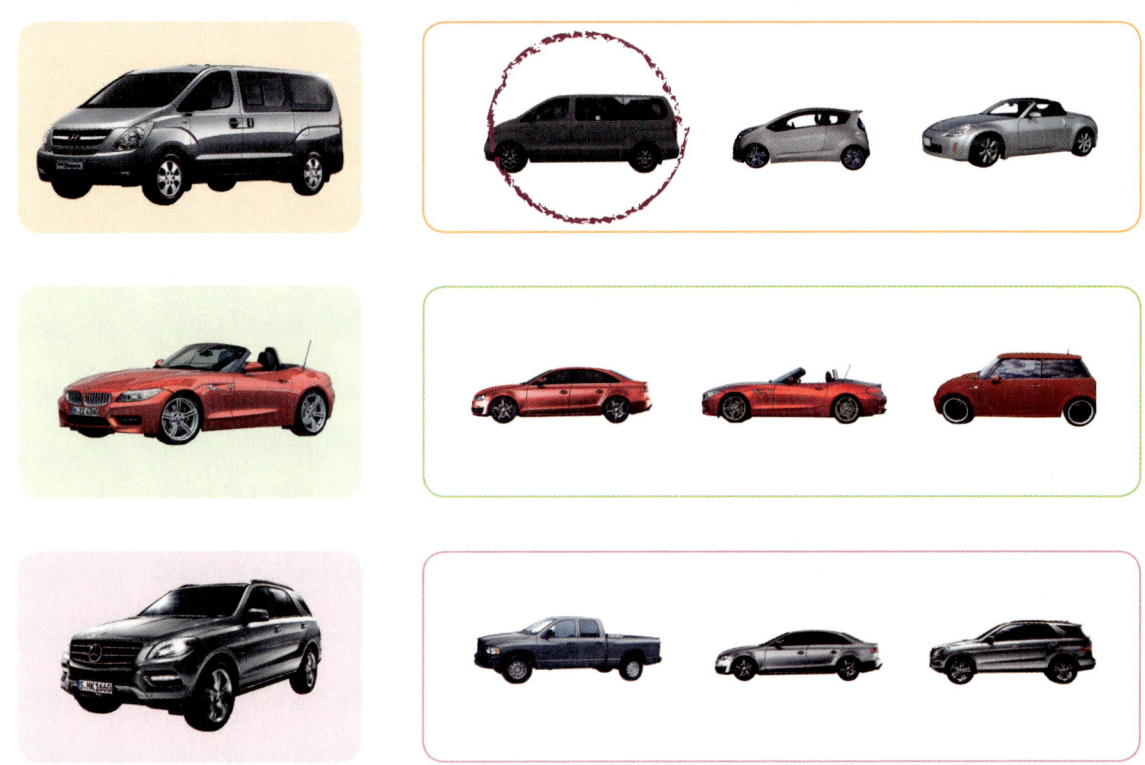

3 관계있는 것끼리 선으로 이어 보시오.

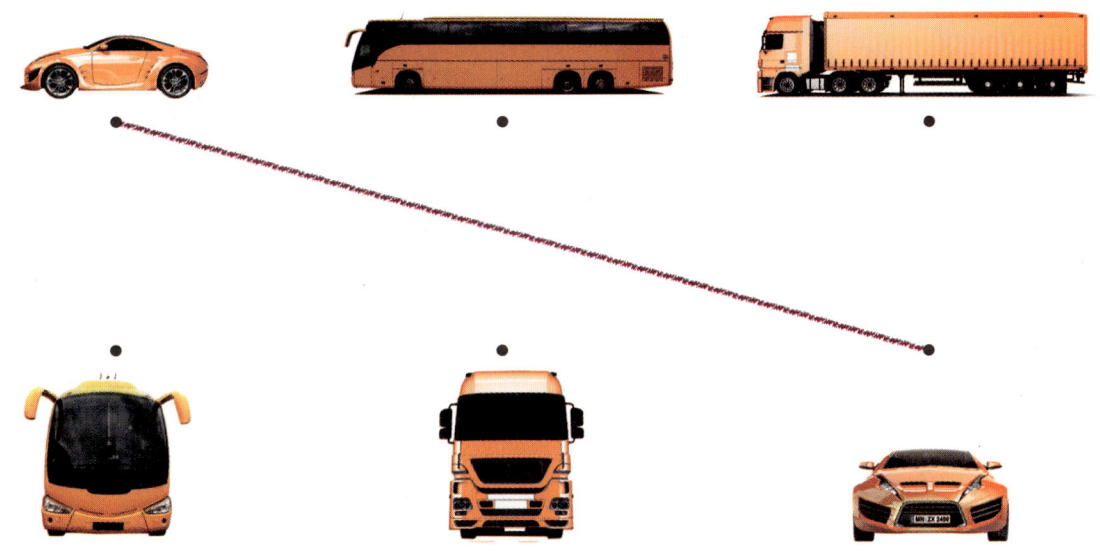

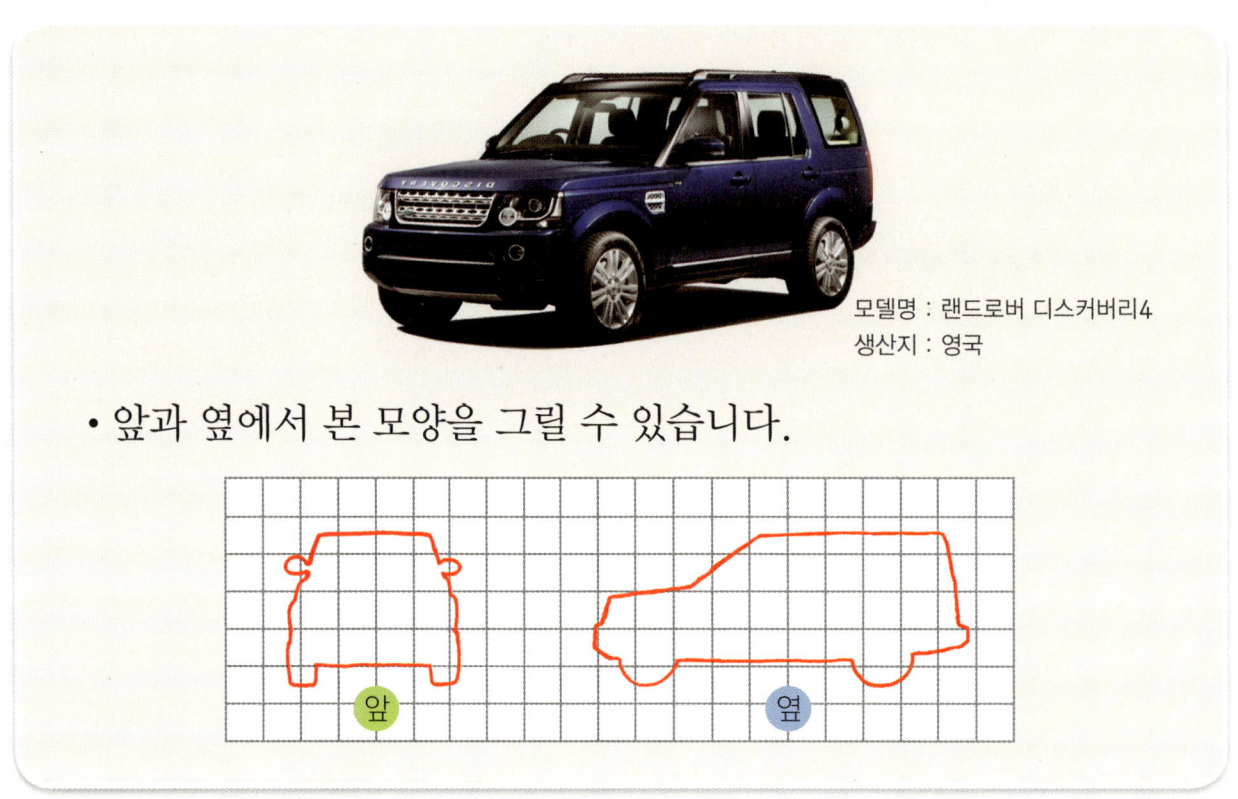

모델명 : 랜드로버 디스커버리4
생산지 : 영국

• 앞과 옆에서 본 모양을 그릴 수 있습니다.

1 옆에서 본 모양을 상상하여 그려 보시오.

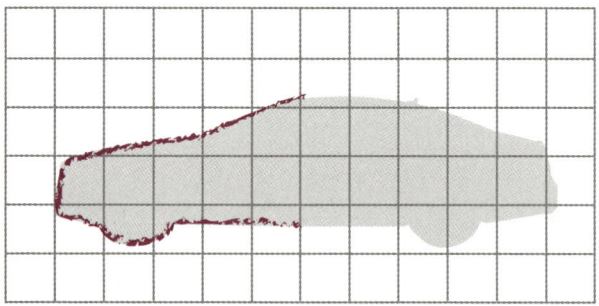

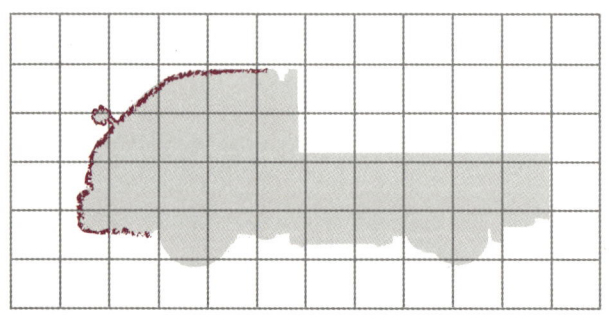

2 앞에서 본 모양을 상상하여 그려 보시오.

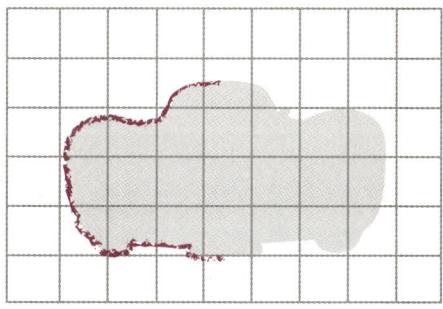

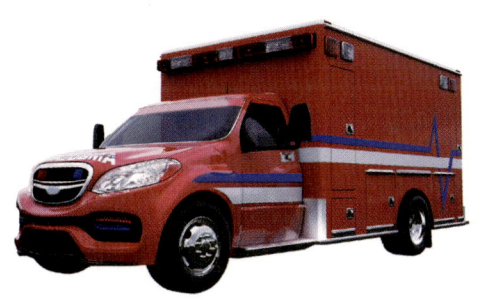

3 앞과 옆에서 본 모양을 보고 알맞은 자동차에 ◯표 하시오.

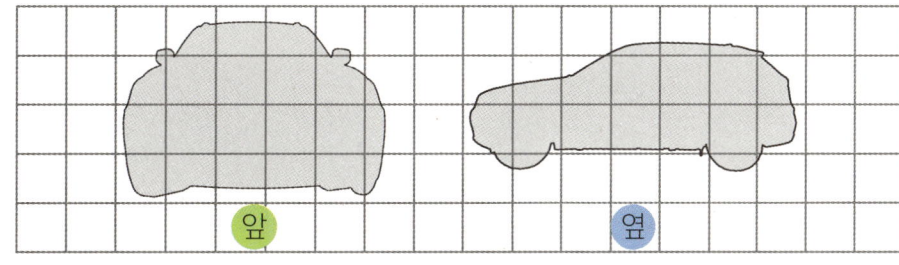

앞   옆

[자동차]

1 옆에서 본 모양이 다른 하나를 찾아 ✕표 하시오.

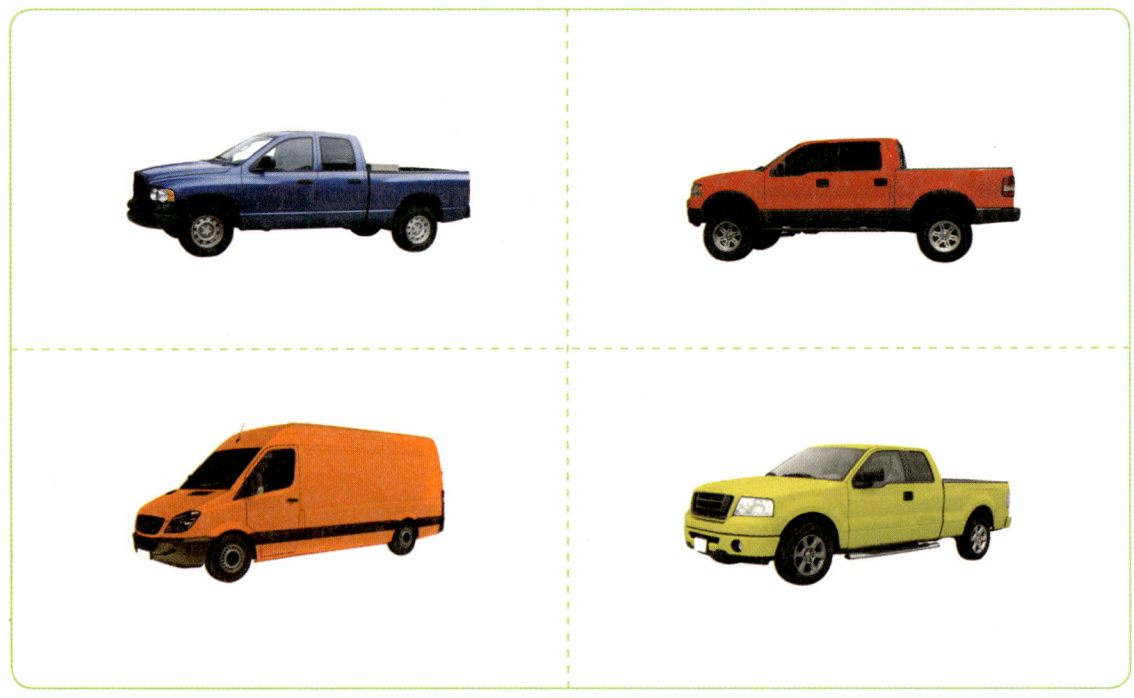

[기차]

2 화살표가 가리키는 기차 칸의 위, 앞, 옆에서 본 모양을 그려 보시오.

위

옆

앞

[산업 디자인]

3 우리가 사용하는 물건들을 아름답고 실용적으로 디자인하는 것을 '산업 디자인'이라고 합니다. 물건을 보고, 위와 앞에서 본 모양을 그려 보시오.

위
↓

↑
앞

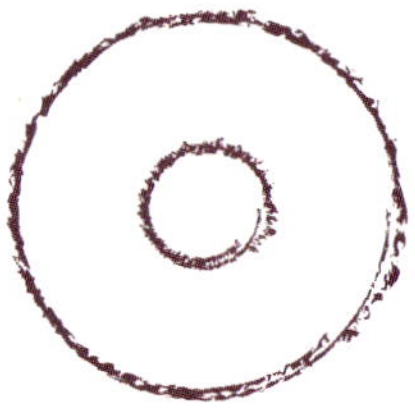

위

앞

위
↓

↑
앞

위

앞

위
↓

↖
앞

위

앞

[의자 디자인]

4 여러 가지 재미있는 상상으로 의자를 디자인한 것입니다. 재미있는 상상으로 가방을 디자인해 보시오.

의자

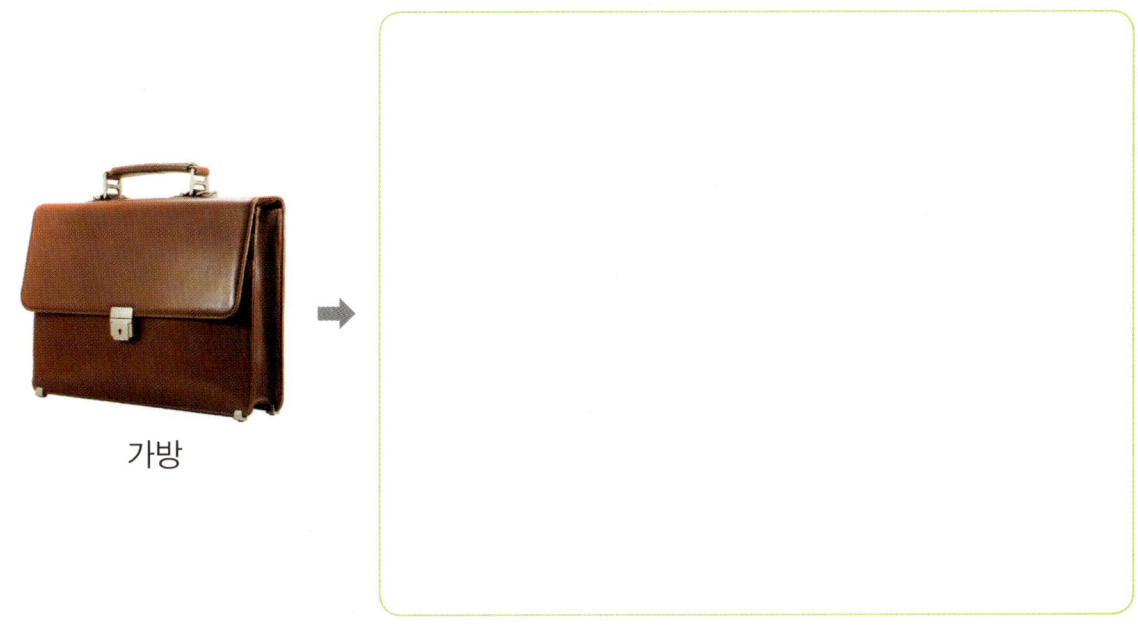

가방

미래의 자동차 디자인

미래에 사람들이 타고 싶어 하는 차는 어떤 모습일까요?

주사위를 굴려 자동차의 부분을 조합하여 미래의 자동차를 디자인해 봅시다.

 **준비물** 주사위 전개도, 풀

	⚀	⚁	⚂
상체			
몸체			
색깔			
추가 기능			

주사위를 네 번 굴려서
처음 나오는 눈은 상체,
두 번째 나오는 눈은 몸체,
다음에는 색깔, 마지막은
추가기능으로 해서
미래의 자동차를 그려 보세요.

블록 자동차

자동차의 디자인이 결정되면 디자인을 입체적으로 만들어 확인하는 과정이 필요합니다. 이러한 과정을 '클레이 모델링'이라고 합니다.

주어진 블록들을 이용하여 자동차를 만들려고 합니다. 어떤 모양의 자동차를 만들 수 있을까요?

블록 2개를 사용하여 만든 자동차입니다. 위, 앞, 옆에서 본 모양을 완성해 봅시다.

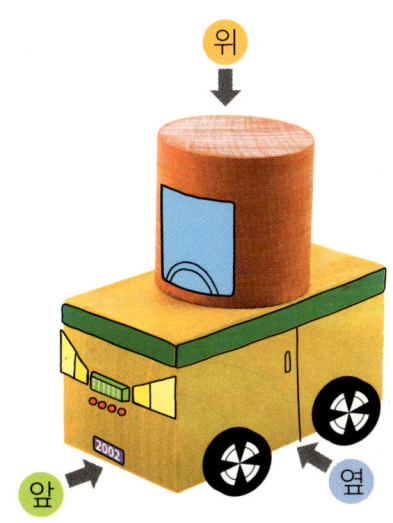

모양을 만드는 데 사용한 블록을 알 수 있습니다.

1　사용하지 않은 블록에 ✕표 하시오.

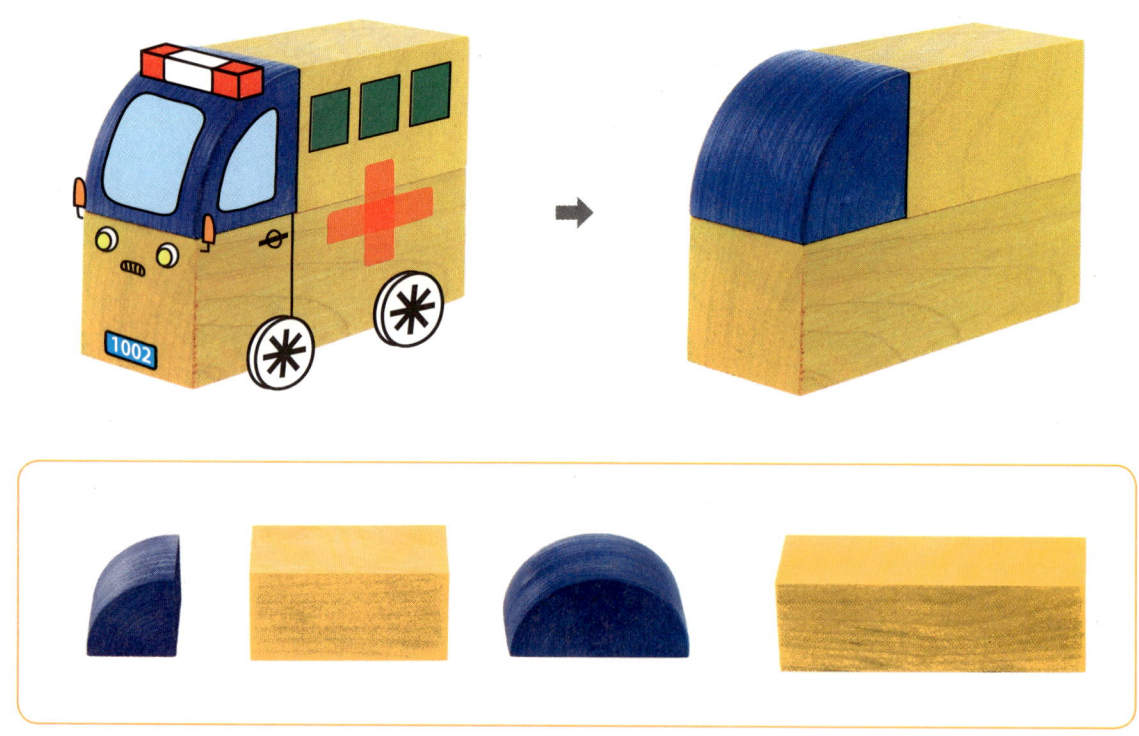

2 사용하지 않은 블록에 ✕표 하시오.

3 주어진 블록을 모두 사용하여 만든 자동차에 ◯표 하시오.

위   앞   옆

위, 앞, 옆에서 본 모양을 보고 자동차의 모양과 사용한 블록을 알 수 있습니다.

1 사용하지 않은 블록에 ✕표 하시오.

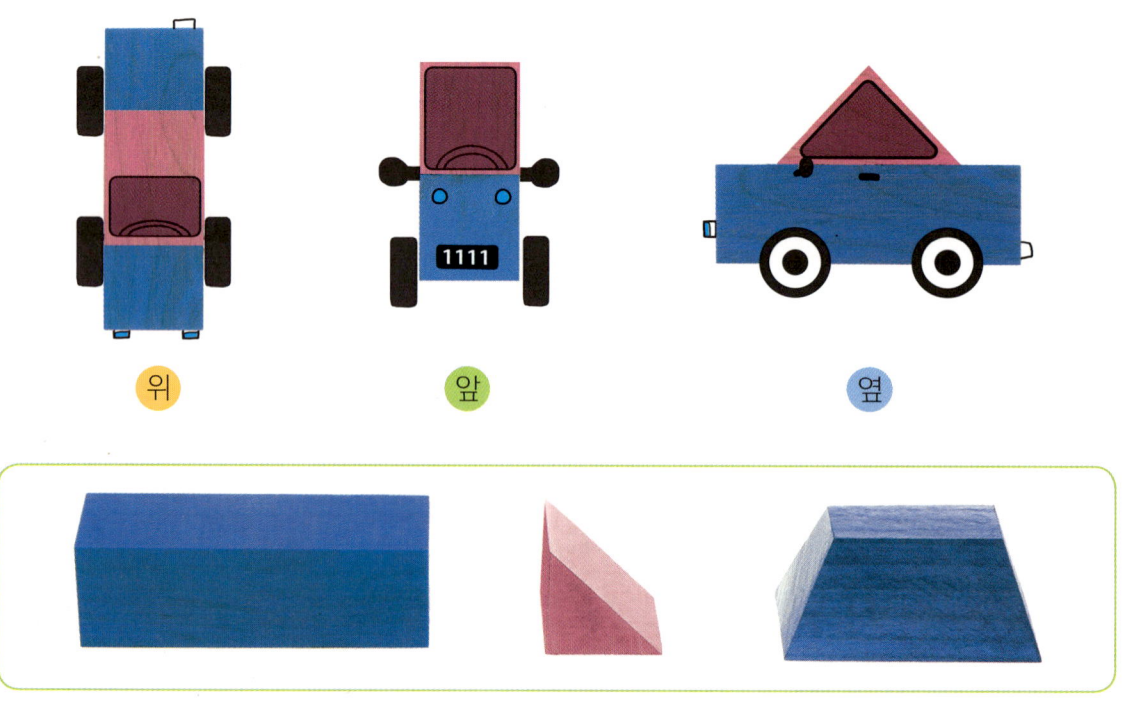

위   앞   옆

2 알맞은 블록 자동차를 찾아 선으로 이어 보시오.

위   앞   옆

3 다음 블록 2개로 만든 자동차를 위, 앞, 옆에서 본 모양으로 옳은 것에 ◯표 하시오.

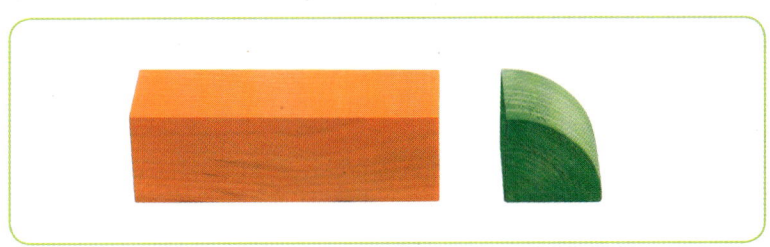

위   앞   옆

위   앞   옆

스토리텔링 창의수학

[사용하지 않은 블록]

1 블록으로 만든 여러 가지 모양입니다. 사용하지 않은 블록에 ×표 하시오.

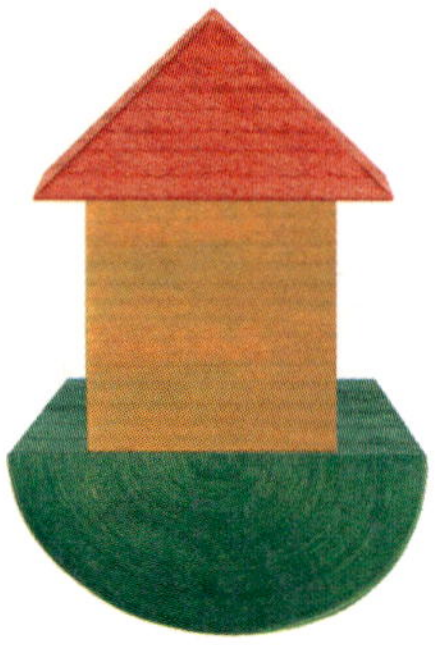
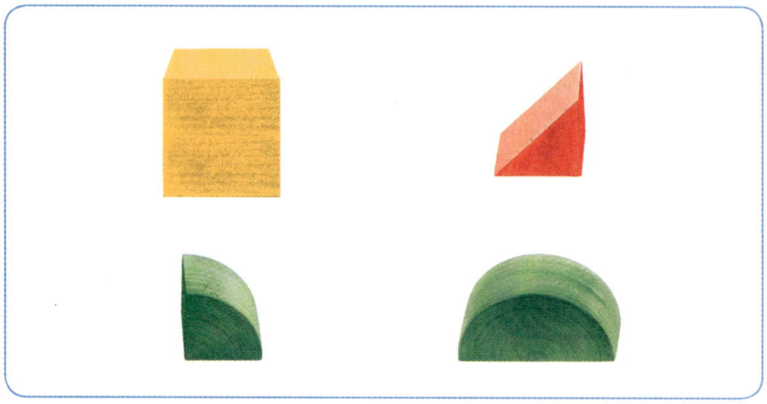

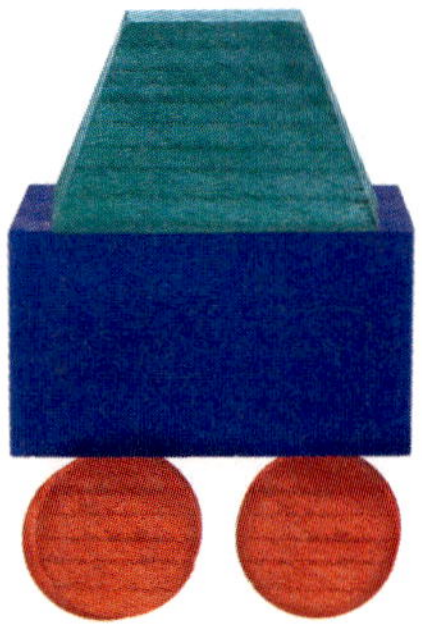
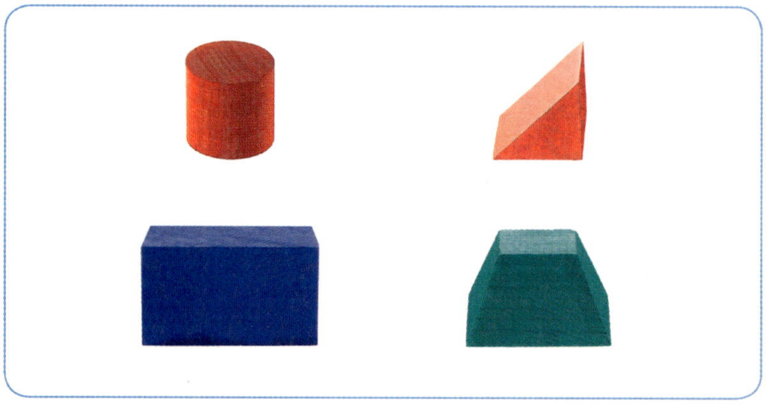

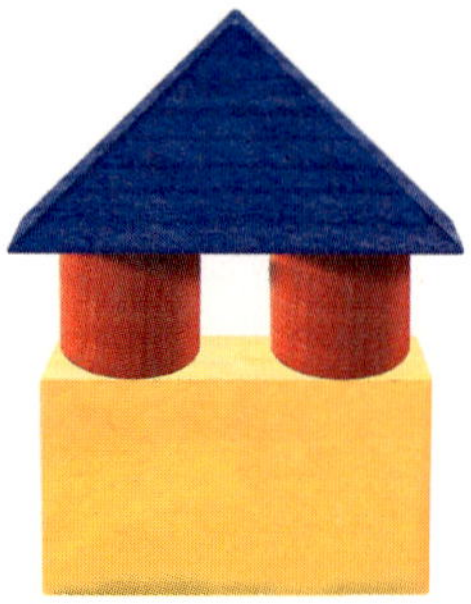
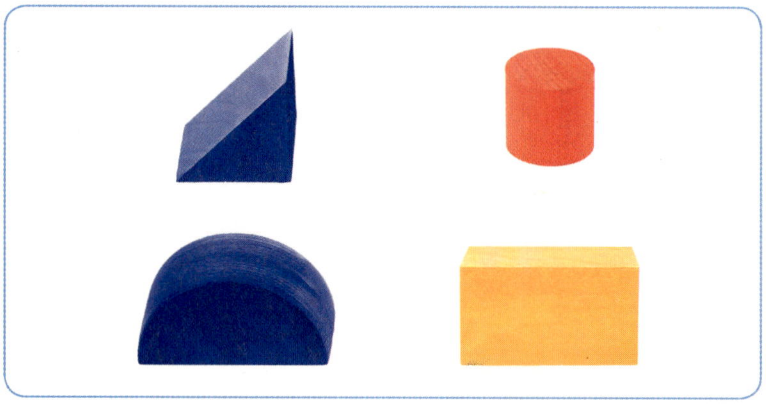

2 블록 2개로 만든 서로 다른 모양입니다. 옆에서 본 모양을 그려 보시오.

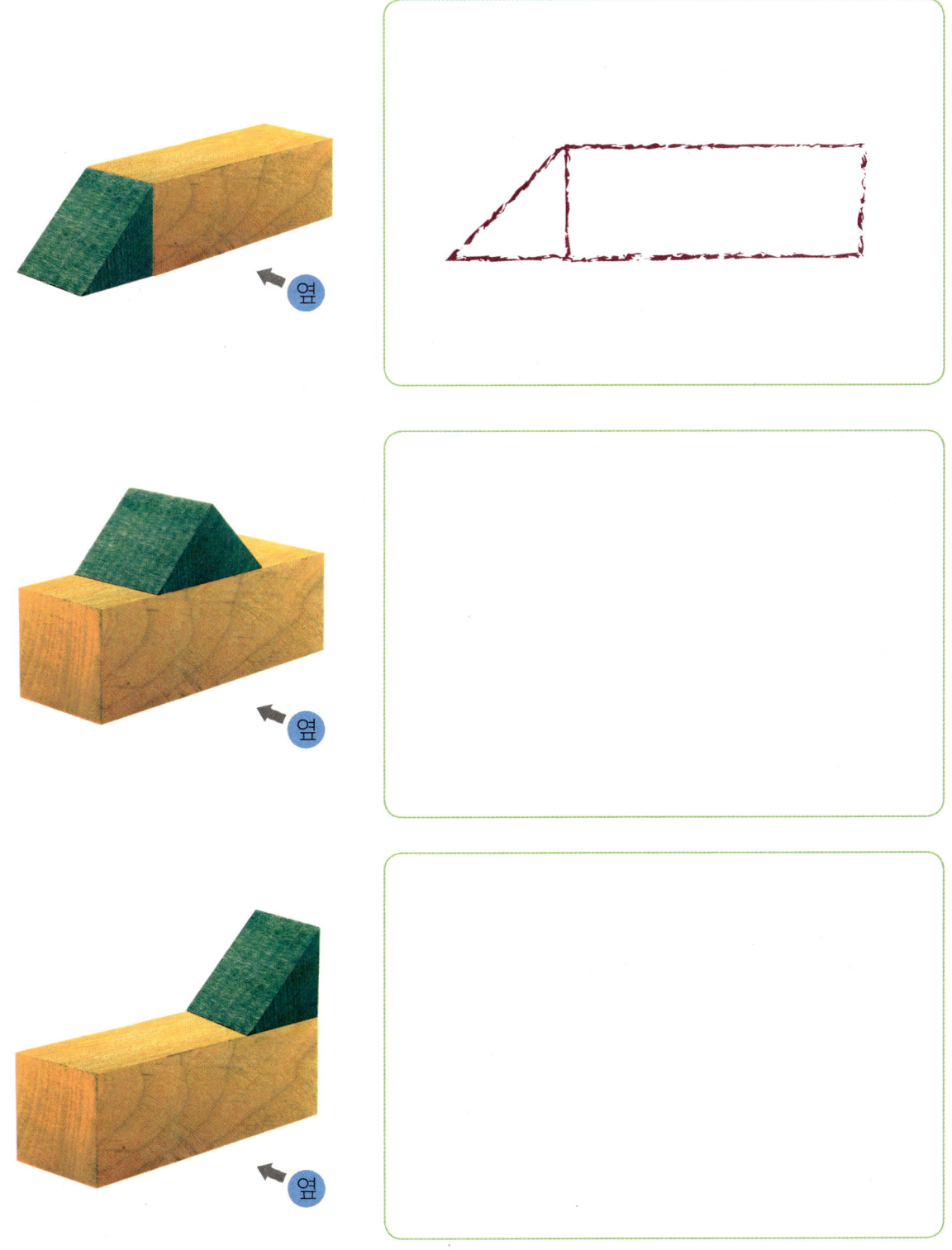

[사용하지 않은 블록]

3 지호가 만든 블록 자동차를 위, 앞, 옆에서 본 모양입니다. 사용하지 않은 블록을 찾아 ✕표 하시오.

위   앞   옆

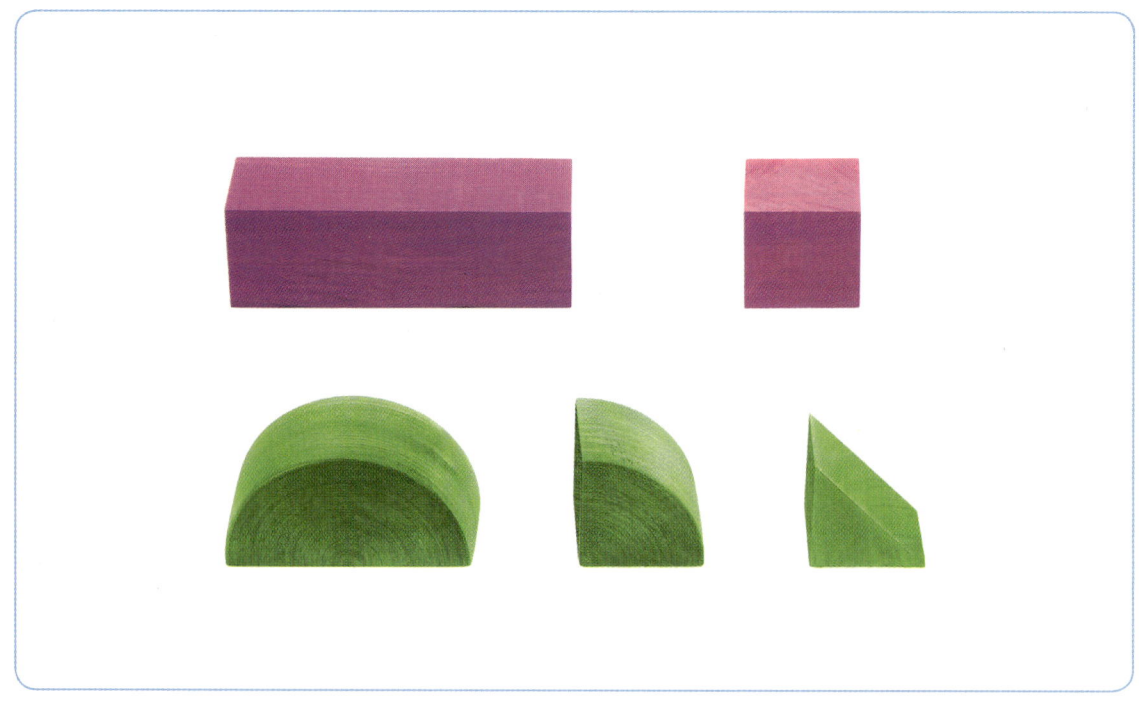

4 주원이는 아빠와 함께 블록을 쌓아 팔이 긴 로봇을 만들었습니다. 로봇을 앞에서 본 모양을 그려 보시오.

앞

도시별 택시 디자인

택시에 고유한 색채 디자인을 적용해 도시의 상징으로 사용하는 도시들이 있습니다. 미국 뉴욕의 상징인 옐로우 캡, 영국 런던에는 블랙 캡이 있고, 우리나라에는 꽃담황토색의 해치 택시가 있습니다. 도시를 찾는 관광객이 가장 먼저 이용하는 택시의 디자인에 도시의 문화를 담으려는 새로운 시도는 계속되고 있습니다.

 미국 뉴욕의 옐로우 캡

 영국 런던의 블랙 캡

 우리나라 서울의 해치 택시

 체코 프라하의 미래의 택시 콘셉트

Q 세계 여러 나라의 신호등은 모두 같은 모양일까요?

A "빨간불은 멈춰요.", "녹색불은 건너요."

우리나라는 신호등에 빨간색, 녹색을 사용하지만 세계 여러 나라의 신호등의 색과 생김새는 다양합니다.

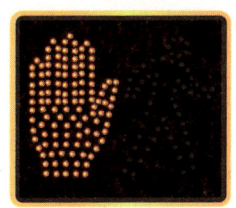

미국

빨간불일 때 손바닥이, 녹색불일 때 하얀색의 사람이 걷고 있는 모습이 보입니다. 양 옆으로 나란히 배치되어 있습니다.

독일

독일의 신호등 '암펠만'은 세계에서 가장 귀여운 신호등으로 꼽힙니다. 통일 전 동독 지역에서 사용되던 신호등입니다.

명화 Ⅳ

나도 화가

나도 멋진 그림을 그리고 싶어!

1450년, 이탈리아의 피렌체 마을에 다빈치 할아버지가 살고 있었어요.
다빈치 할아버지는 하루 종일 집안에서 그림만 그렸어요.

"매일 창밖만 바라보고 있대요."

"손가락으로 이상한 모양을 만들기도 한대요."

사람들은 모두 할아버지에 대해서 수군거렸어요.

할아버지의 소문을 들은 피에로는 궁금해서 견딜 수가 없었어요.

'할아버지는 대체 뭘 그러는 걸까?'
피에로는 할아버지의 집에 찾아갔어요.

똑똑, 계세요?

아무 소리도 들리지 않자,
피에로는 문을 열고 들어갔어요.

침대에서 할아버지가 코를 골고 있었어요.

피에로는 책상 위에서 할아버지의 스케치북을 발견했어요.

스케치북에는 삼각형, 사선, ×선이 그려져 있었어요.
피에로는 할아버지가 항상 그랬던 것처럼 의자에 앉아 창밖을 바라보았어요.

그리고 손가락으로 구도를 잡아 보았어요.

삼각형 구도는 눈 덮인 몽블랑 산,
×선 구도는 피렌체 성당 앞 가로수 길,
사선 구도는 아르노강을 가로지르는 베키오 다리였어요.

"너도 그림을 그리고 싶니?"
잠에서 깨어난 할아버지가 피에로에게 물었어요.
피에로가 고개를 끄덕이자 할아버지가 대답했어요.

"그럼 네가 그리고 싶은 풍경의 구도를 잡아 보렴.
자, 어떤 걸로 시작해 볼까?"

피에로는 벚꽃길, 이슬 맺힌 풀잎 풍경을 골랐습니다. 그리고 선을 그어 스케치북을 나누어 구도를 잡았습니다.

X선으로 나누니까 길이 더 길어 보여!

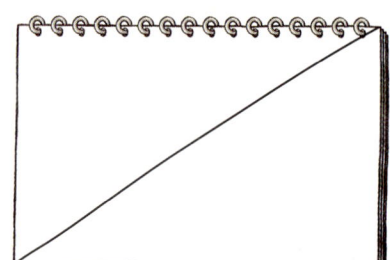

선 하나를 쭉 그으니 풀잎이 더 길어 보여!

피에로처럼 선을 그어 스케치북을 나누고, 그림을 그려 봅시다.

선 **1**개 긋기

선 **2**개 긋기

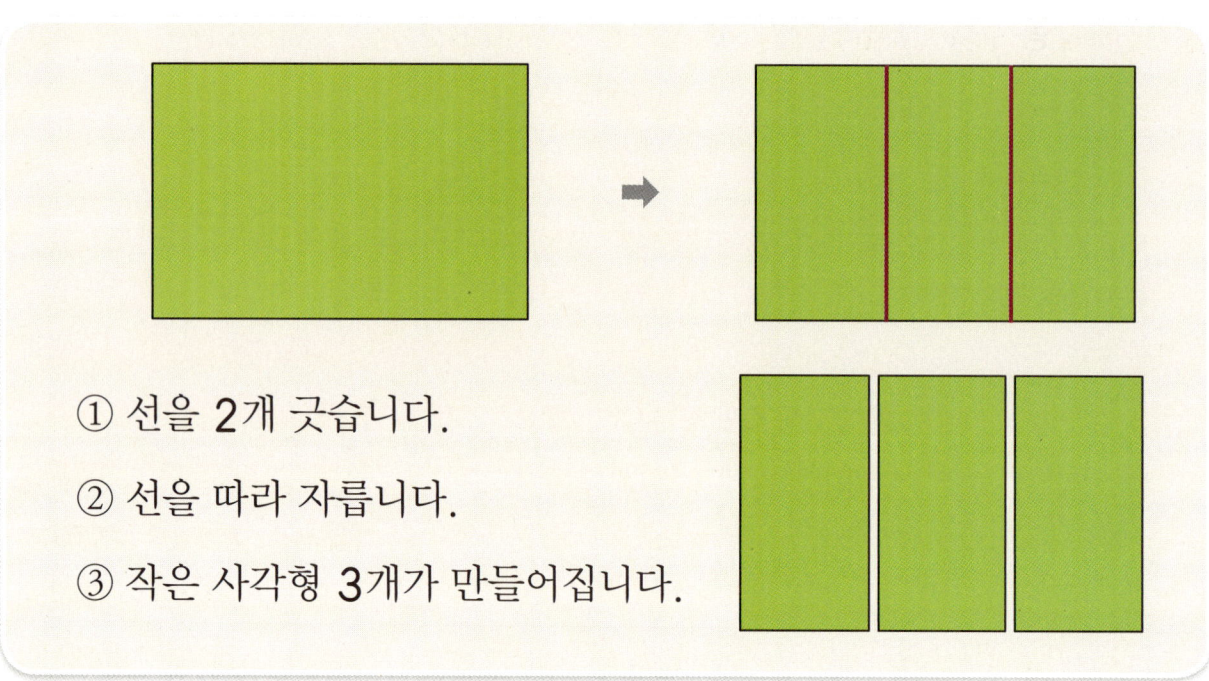

① 선을 2개 긋습니다.

② 선을 따라 자릅니다.

③ 작은 사각형 3개가 만들어집니다.

1 색종이를 선을 따라 잘랐습니다. 모양을 관찰하여 빈칸에 알맞은 수를 써넣으시오.

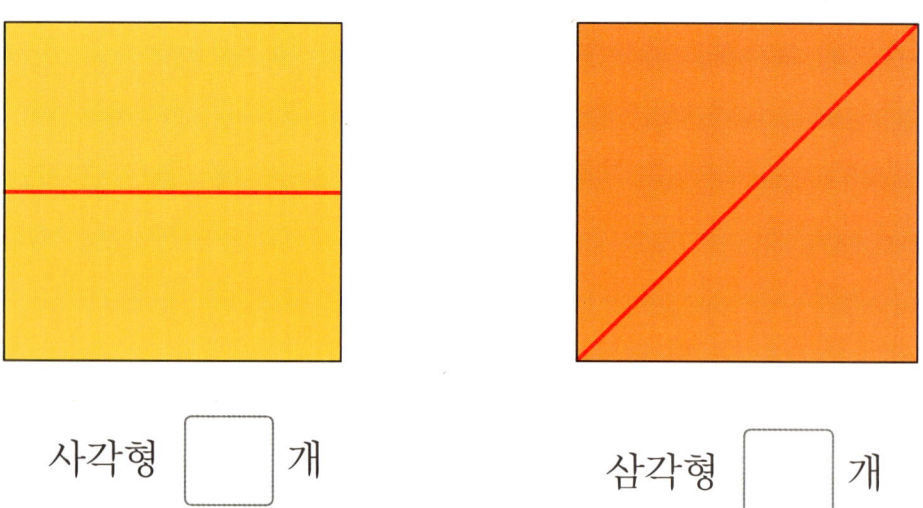

사각형 ☐ 개　　　　　삼각형 ☐ 개

2 사각형 위에 선을 2개 그어 모양을 만들어 보시오.

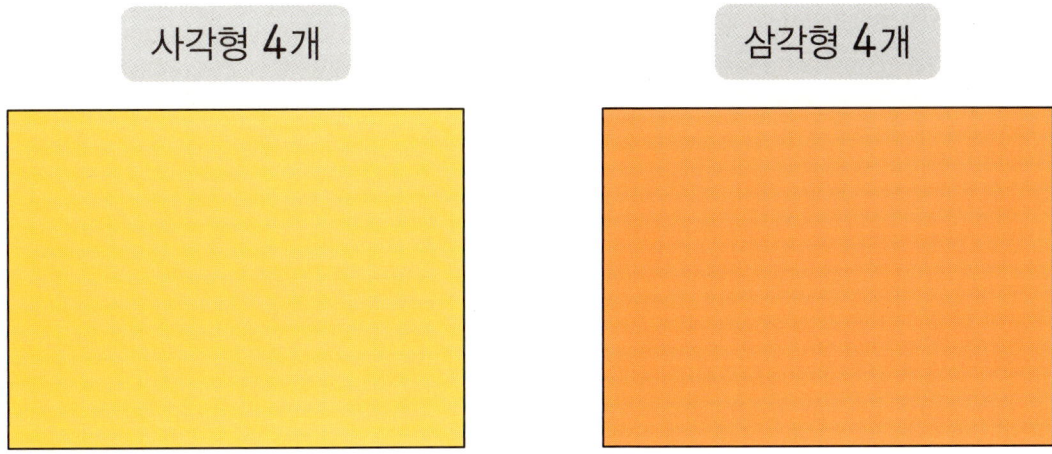

사각형 4개

삼각형 4개

3 사각형 위에 선을 3개 그어 모양을 완성하시오.

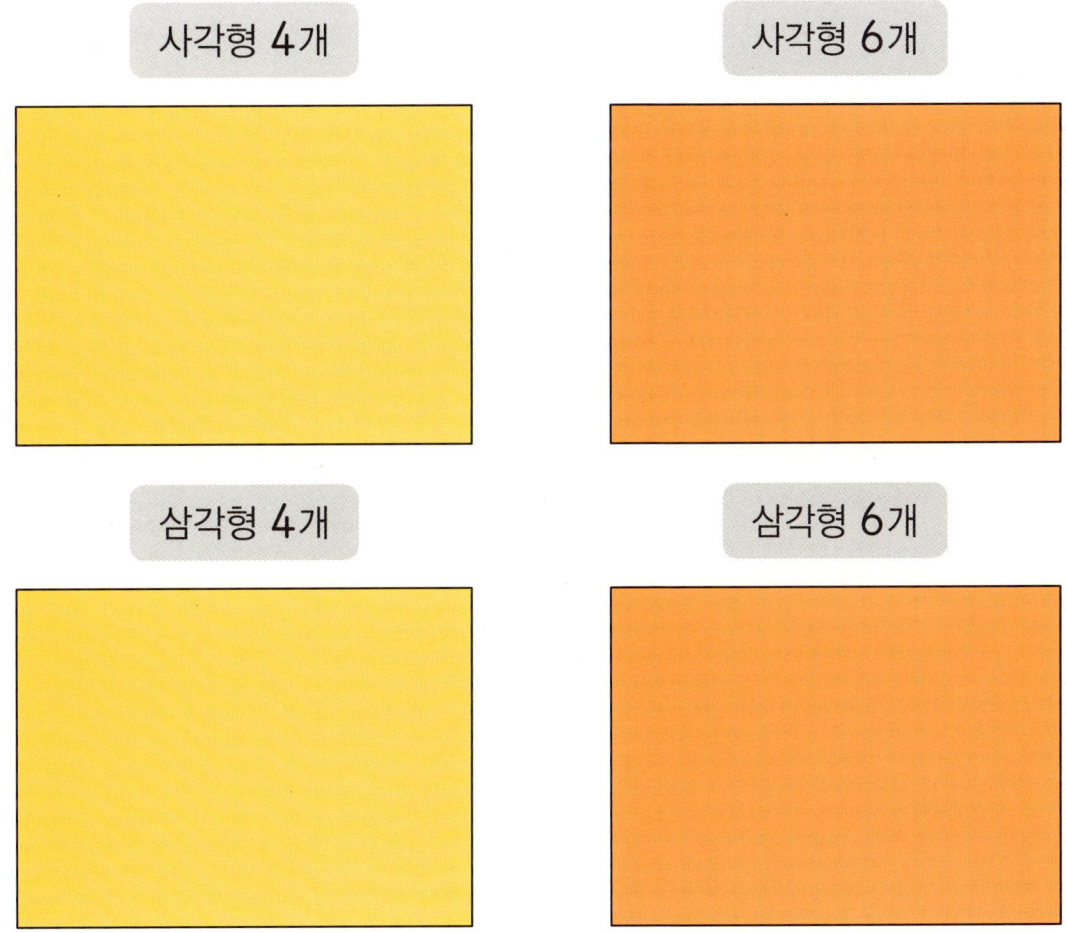

사각형 4개

사각형 6개

삼각형 4개

삼각형 6개

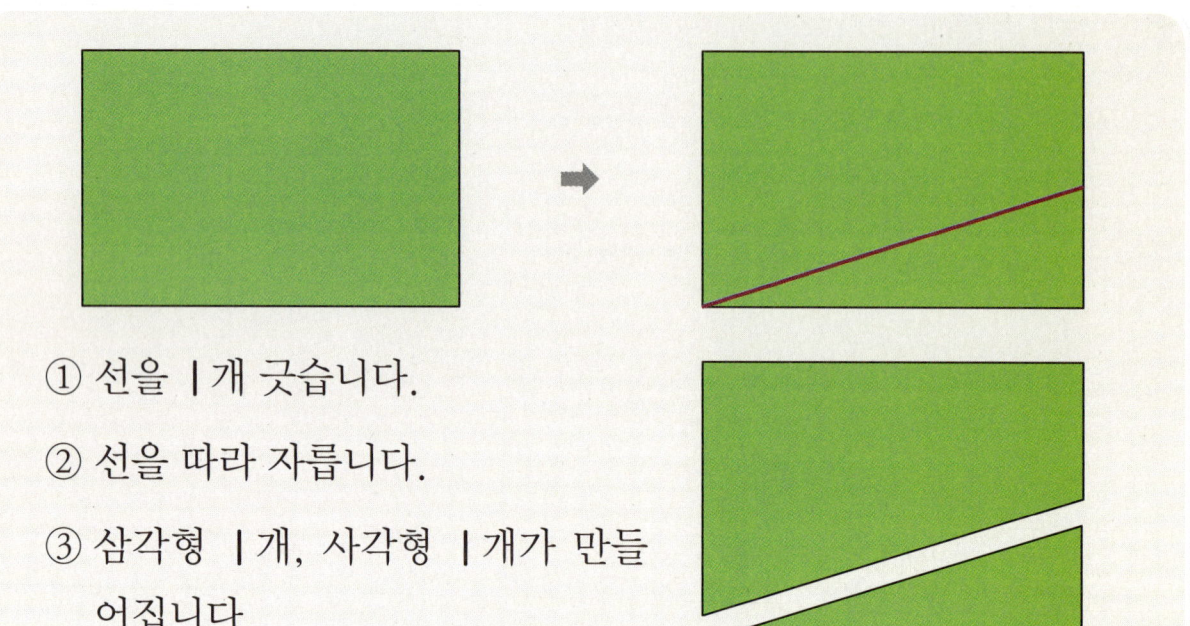

① 선을 1개 긋습니다.

② 선을 따라 자릅니다.

③ 삼각형 1개, 사각형 1개가 만들어집니다.

1 선을 따라 자른 모양을 관찰하여 빈칸에 알맞은 수를 써넣으시오.

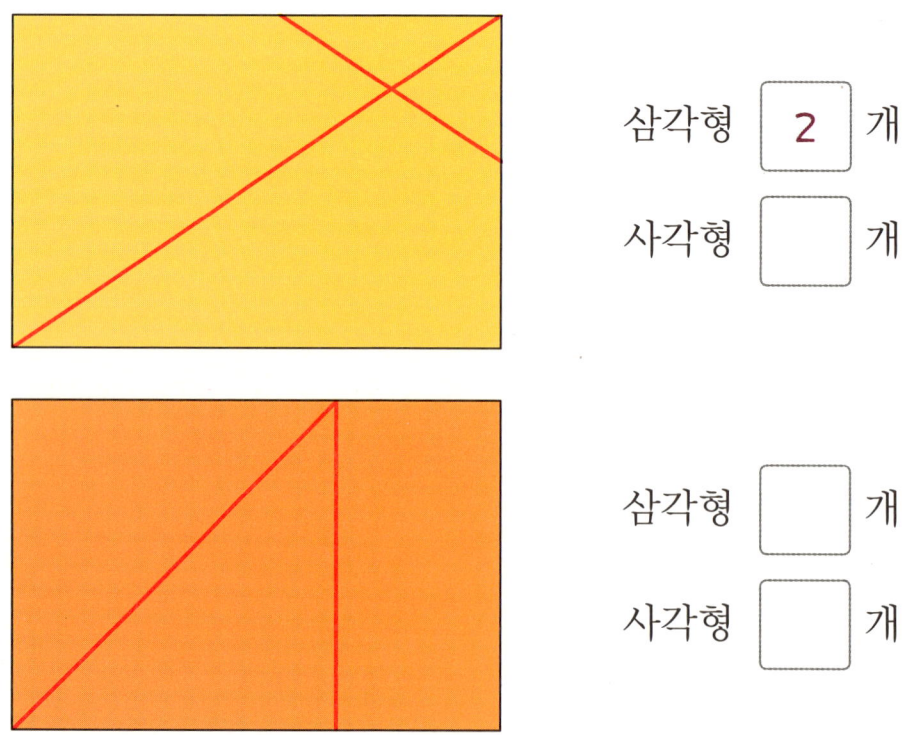

삼각형 **2** 개

사각형 ☐ 개

삼각형 ☐ 개

사각형 ☐ 개

2 점과 점을 연결하는 선을 2개 그어 모양을 만들어 보시오.

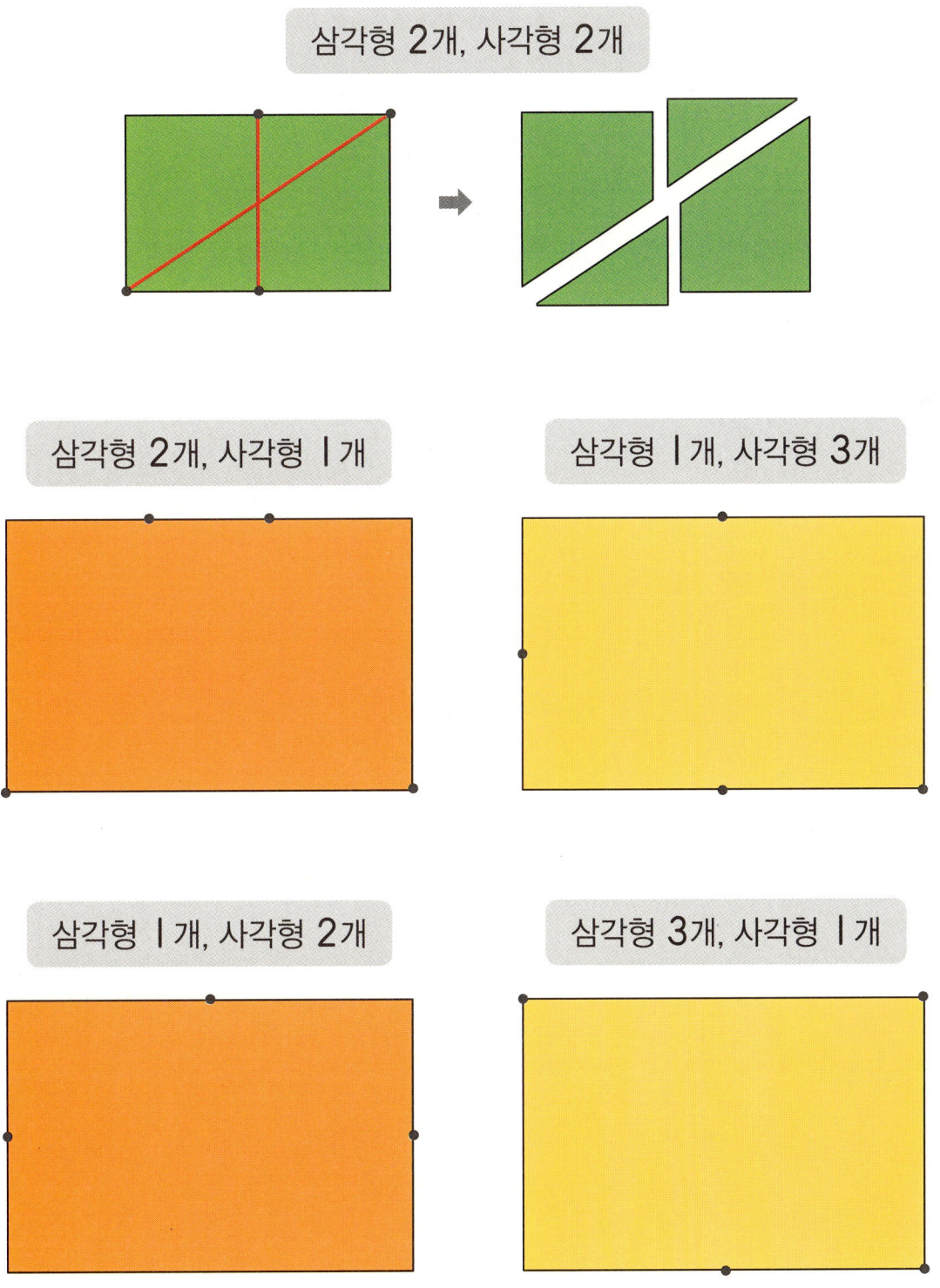

삼각형 2개, 사각형 2개

삼각형 2개, 사각형 1개

삼각형 1개, 사각형 3개

삼각형 1개, 사각형 2개

삼각형 3개, 사각형 1개

[구도]

1 다빈치 할아버지는 피에로에게 두 장의 그림을 보여주셨습니다. 관계있는 것끼리 선으로 이어 보시오.

르누아르 〈아스네르의 센 강〉

호베마 〈미델하르니스의 가로수길〉

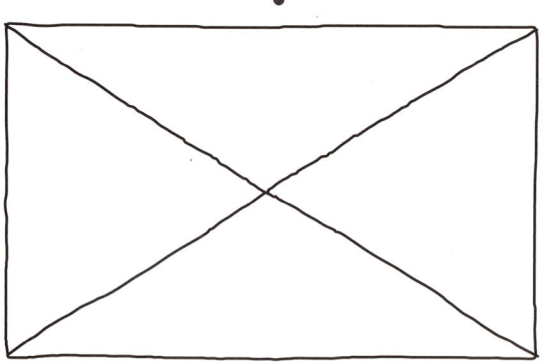

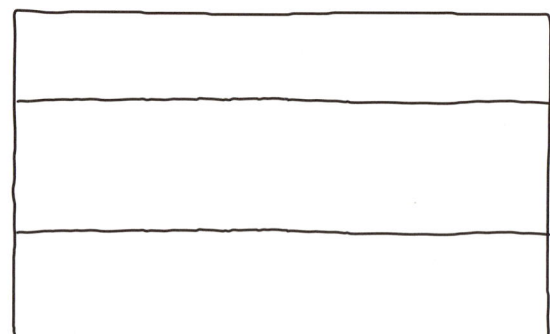

[모양 만들기 1]

2 점과 점을 연결하는 선을 여러 개 그어 모양을 만들어 보시오.

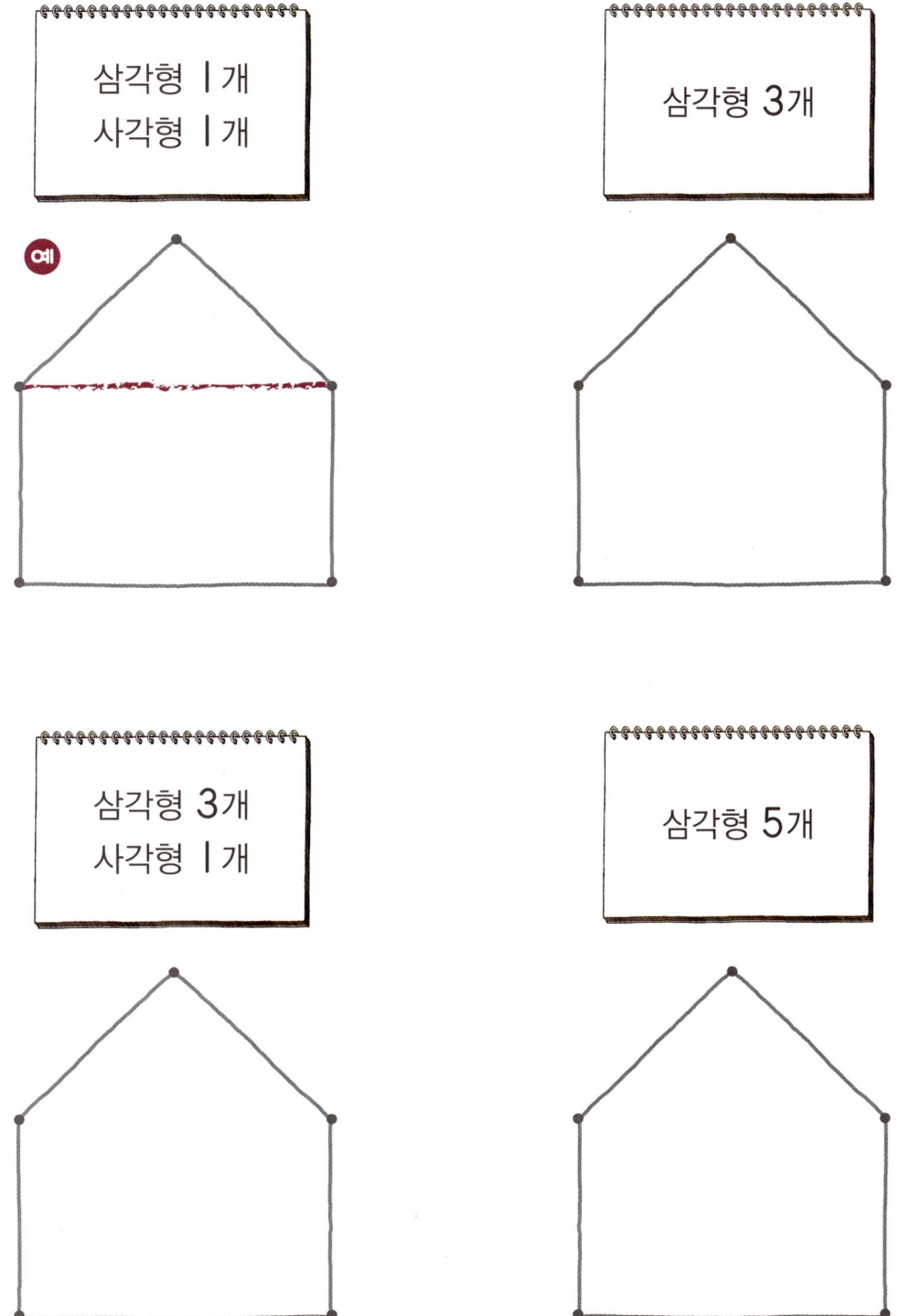

삼각형 1개
사각형 1개

삼각형 3개

삼각형 3개
사각형 1개

삼각형 5개

예

[모양 만들기 2]

3 주어진 모양 조각을 사용하여 도형을 완성하시오.

 준비물 모양 조각

[모양 만들기 3]

4 삼각형 색종이에 선을 |개 그어 삼각형과 사각형을 만들었습니다.

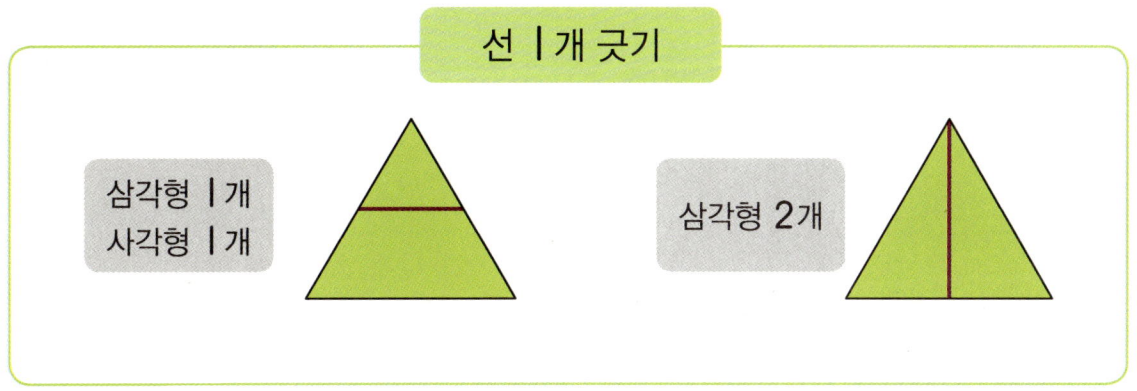

삼각형 색종이에 선을 2개 그어 모양을 만드시오.

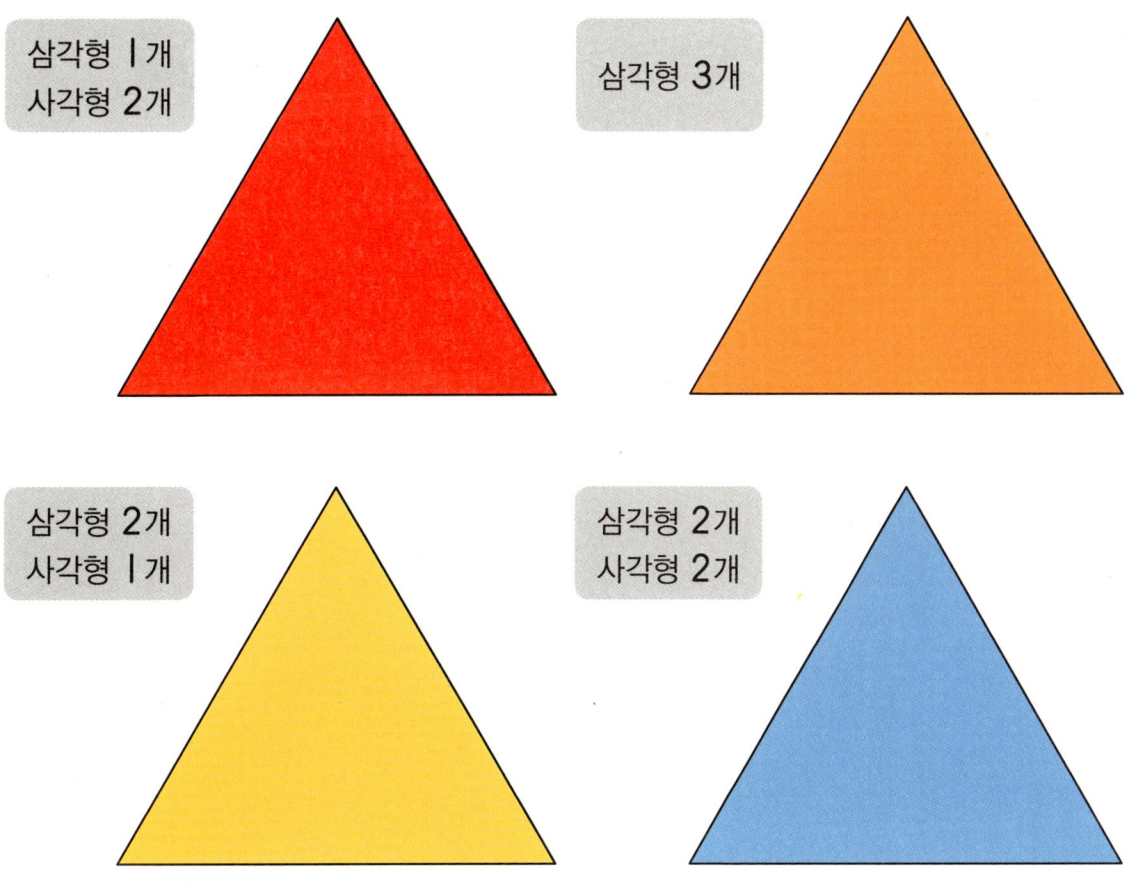

 **수학 게임** 색종이를 3번 접어 잘라 볼까?

여러 가지 방법으로 색종이를 3번 접어 잘라 봅시다.

 **준비물** 색종이

게임 방법

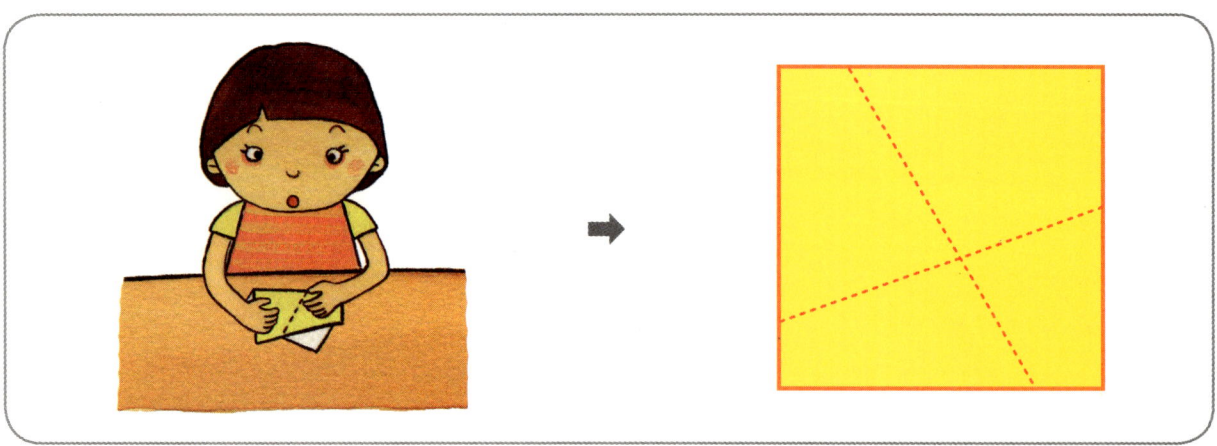

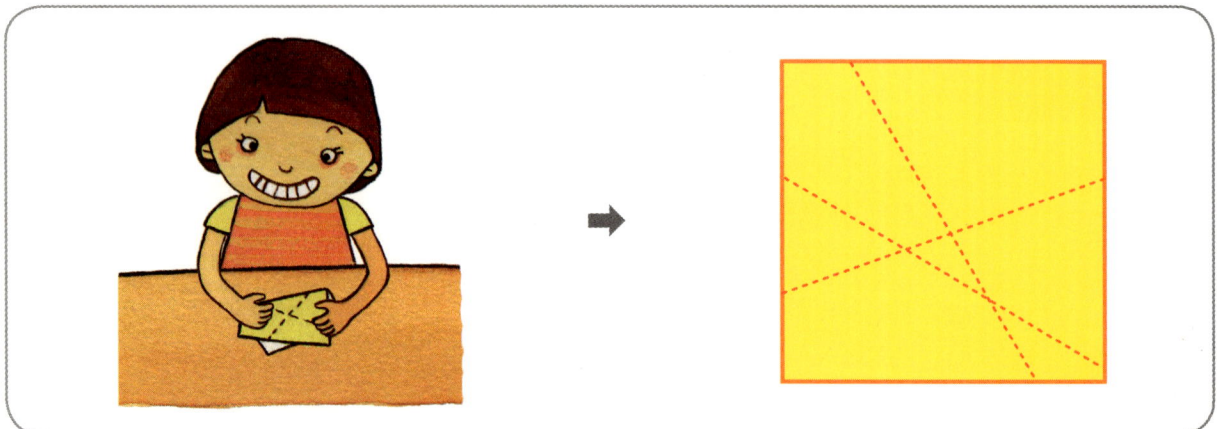

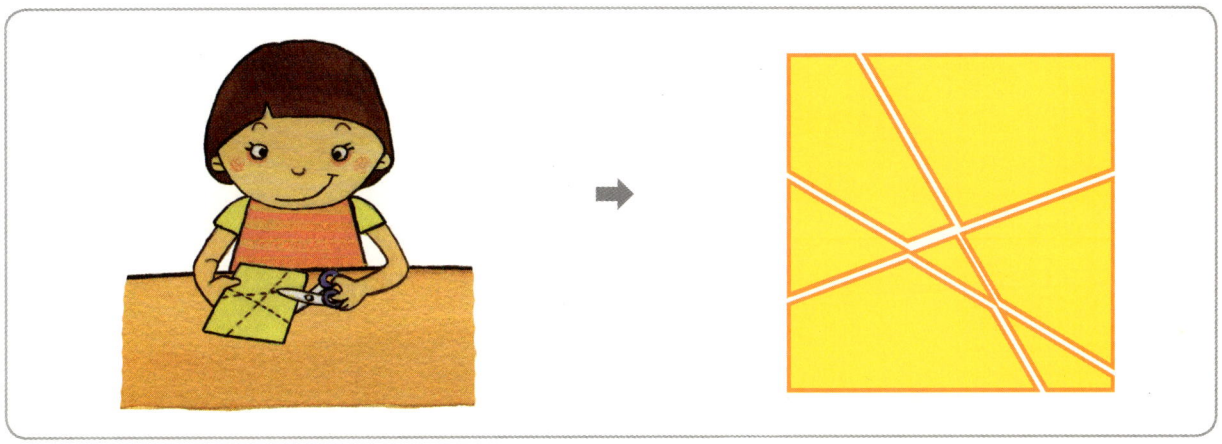

7조각이다!

색종이를 3번 접었다
펼치기하면 몇 조각이
될 수 있는지 더 알아보세요.

생각 열기

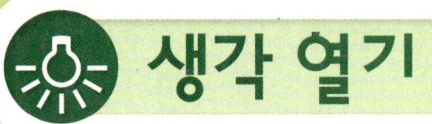

퀼트 사각형

실과 바늘로 헝겊을 꿰매는 모든 작업을 '퀼트'라고 합니다. 정사각형에 선을 3개 그어 나누어진 조각에 동물 무늬를 넣어 멋진 퀼트 사각형을 만들었습니다. 어떤 동물의 무늬가 사용되었을까요?

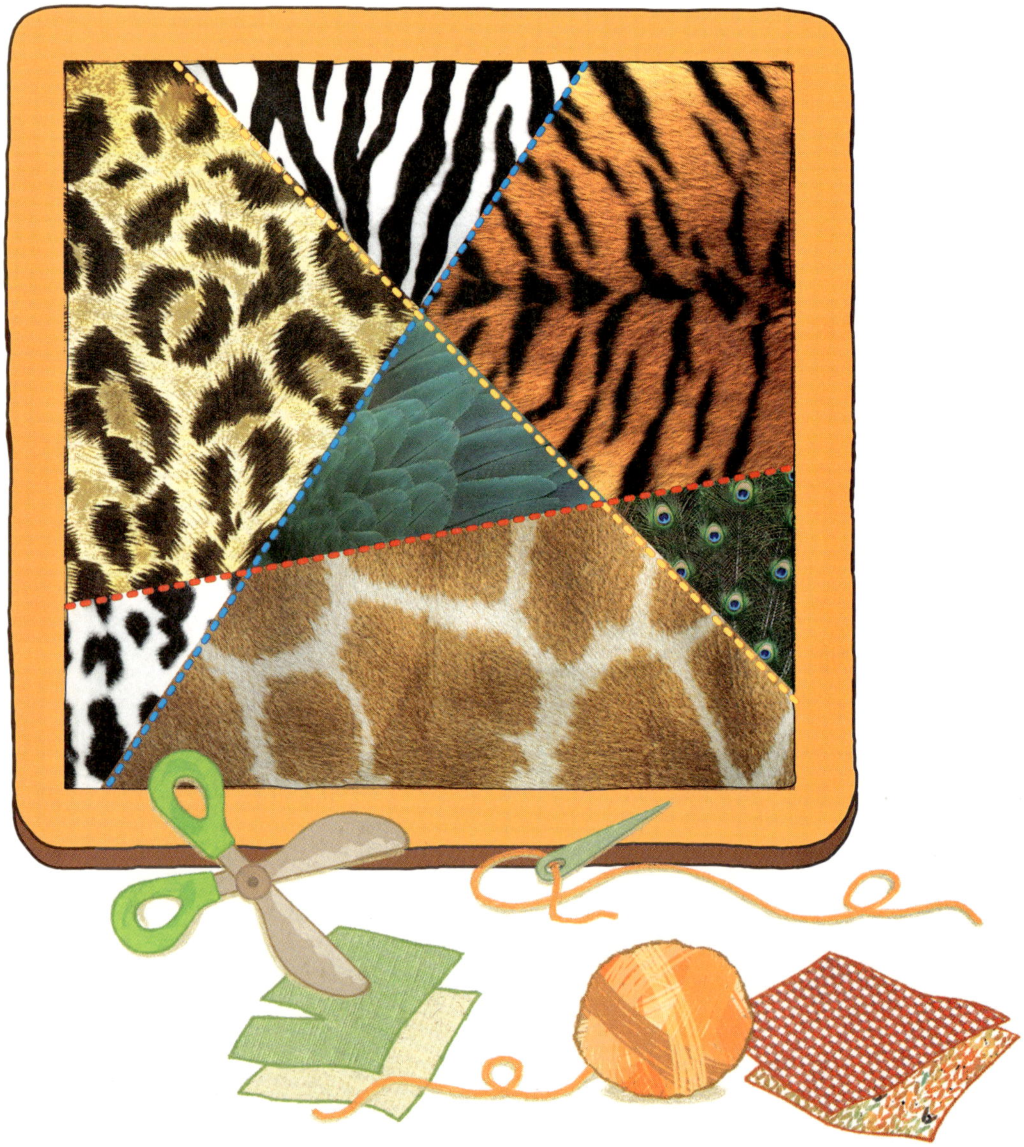

사각형에 선을 **3**개 긋고, 조각마다 서로 다른 색을 칠해 퀼트 사각형을 디자인해 봅시다.

원 나누기

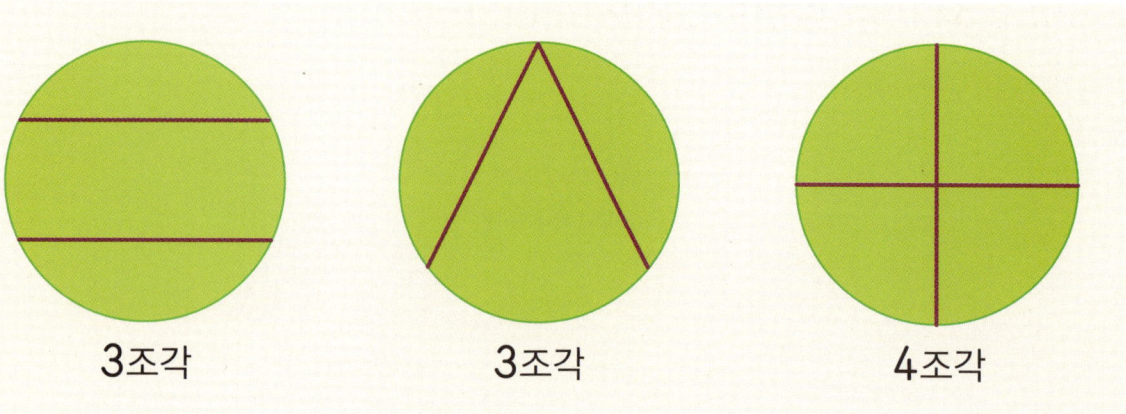

3조각   3조각   4조각

- 선을 2개 그어 원을 나눕니다.
- 원에 선을 2개 그으면 원을 3조각, 4조각으로 나눌 수 있습니다.

1 그림에 사용된 무늬를 모두 찾아 ○표 하시오.

2 선을 3개 그어 원을 나누어 보시오.

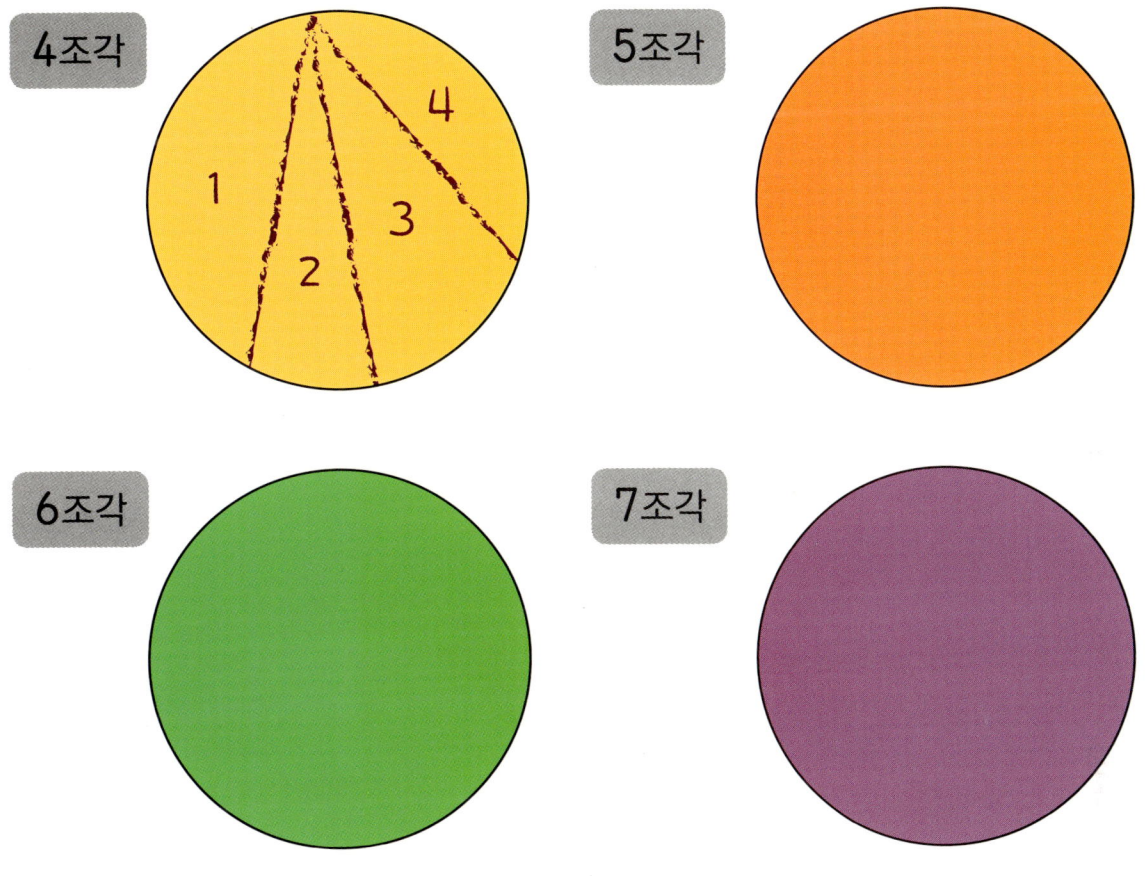

4조각

5조각

6조각

7조각

3 선을 4개 그어 원을 나누어 보시오.

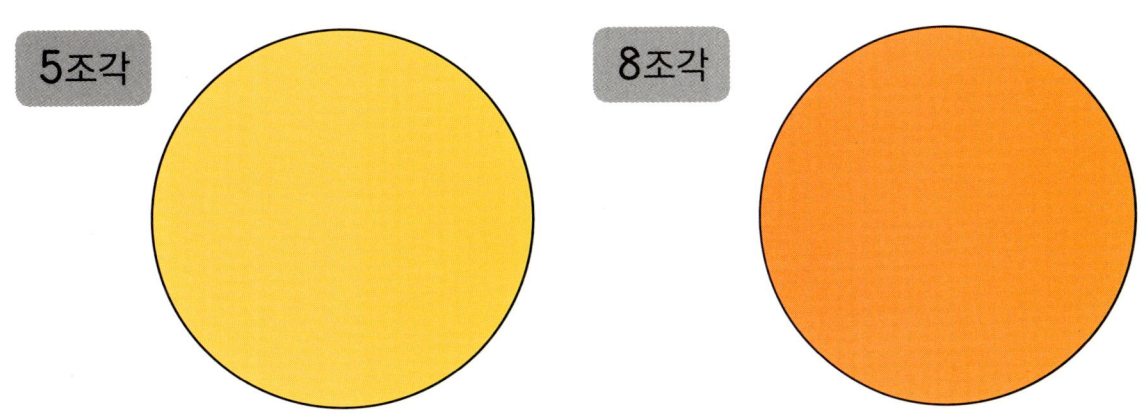

5조각

8조각

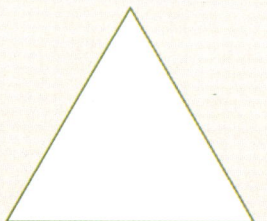
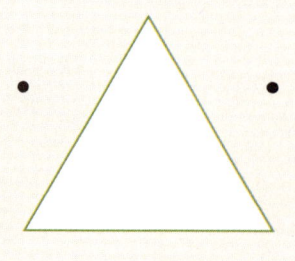
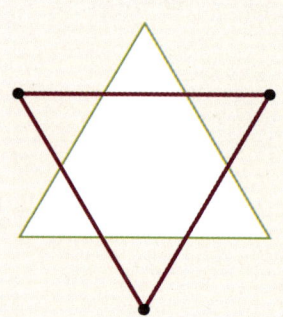
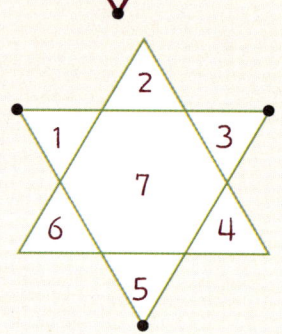

① 점을 **3**개 찍습니다.

② 점과 점을 연결하여 삼각형을 그립니다.

③ 조각의 개수를 세어 봅니다.

1 점과 점을 연결하여 만들어지는 조각의 개수를 쓰시오.

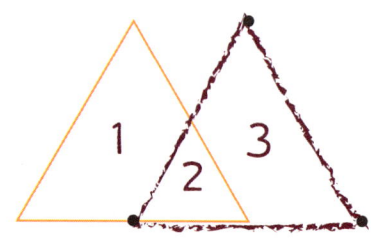

_____3_____ 개

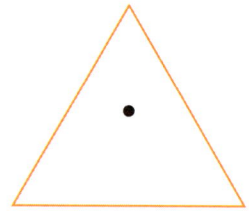

_____ 개

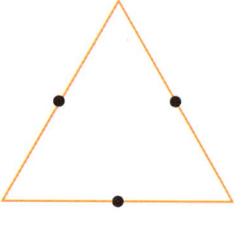

_____ 개

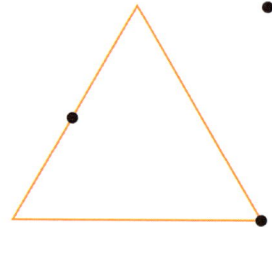

_____ 개

2 점과 점을 연결하여 만들어지는 조각의 개수를 쓰시오.

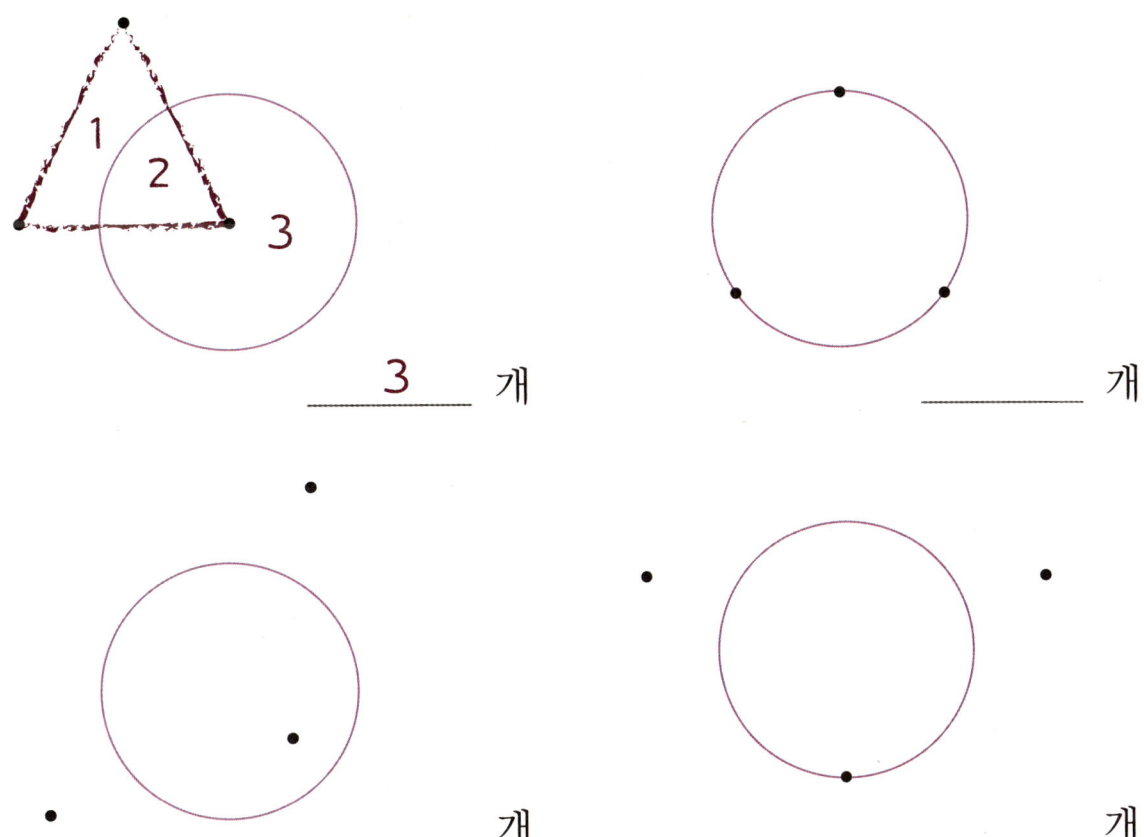

_____3_____ 개

_____ 개

_____ 개

_____ 개

3 조각의 개수에 맞게 삼각형 │개와 사각형 │개를 그리시오.

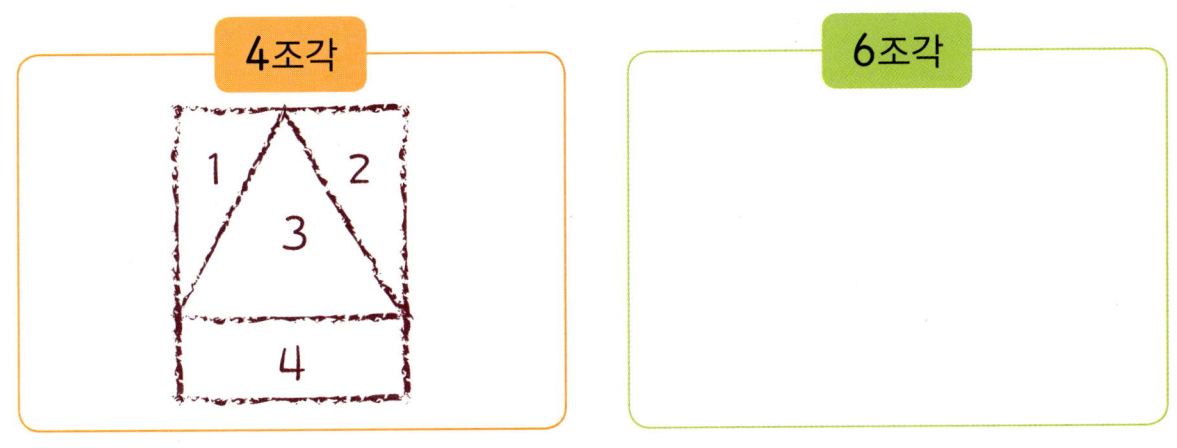

4조각

6조각

스토리텔링 창의수학

[울타리 치기 1]

1 닭, 강아지, 고양이는 사이가 좋지 않아 자주 싸웁니다. 그래서 동물들이 싸우지 않도록 울타리를 치려고 합니다. 붙임 딱지 2개를 붙여 울타리를 쳐 보시오.

붙임 딱지 울타리

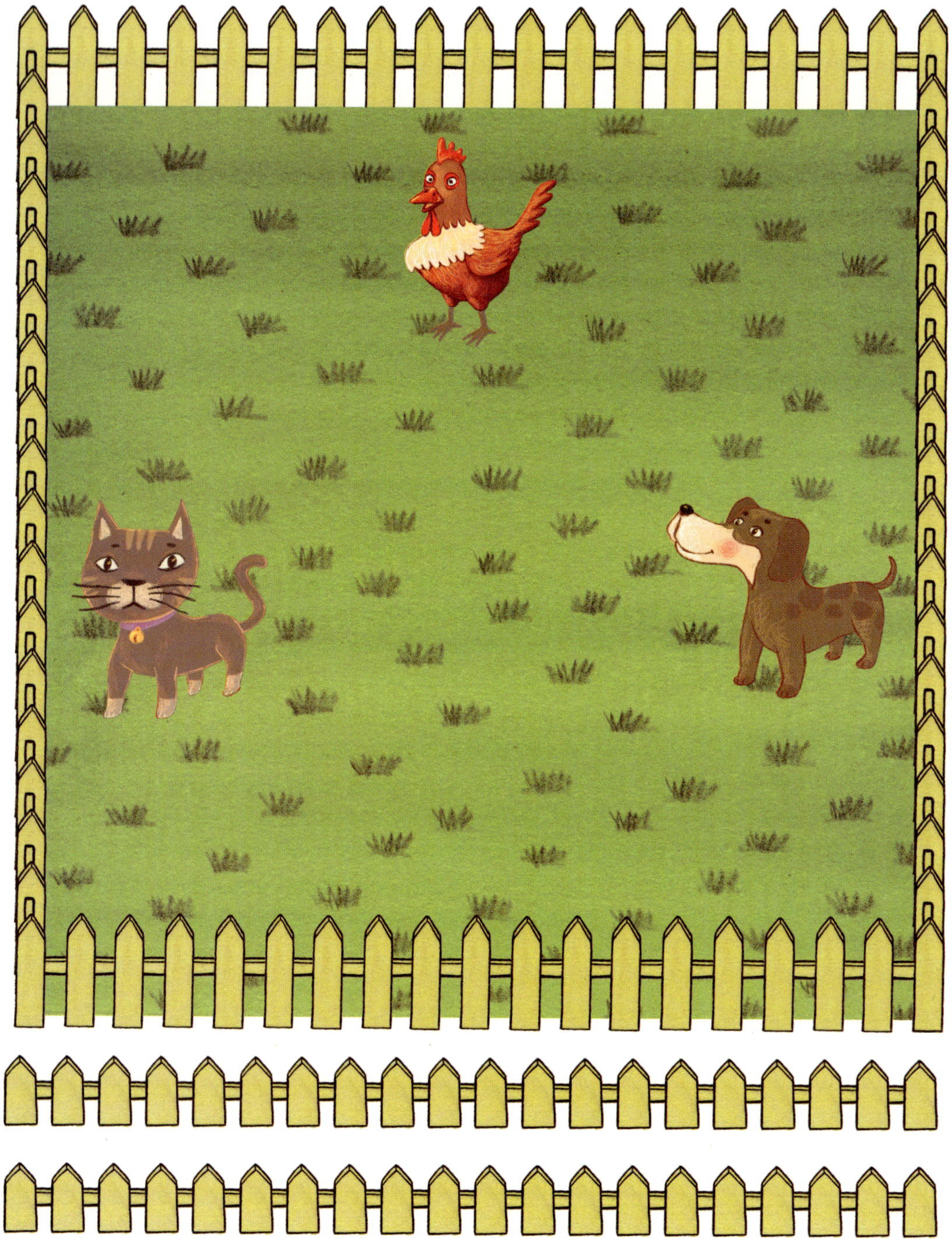

2 동물원에 여러 동물들이 이사를 왔습니다. 원숭이, 표범, 사자, 여우가 각자
편히 쉴 수 있도록 울타리 붙임 딱지 2개를 붙여 영역을 나누어 보시오.

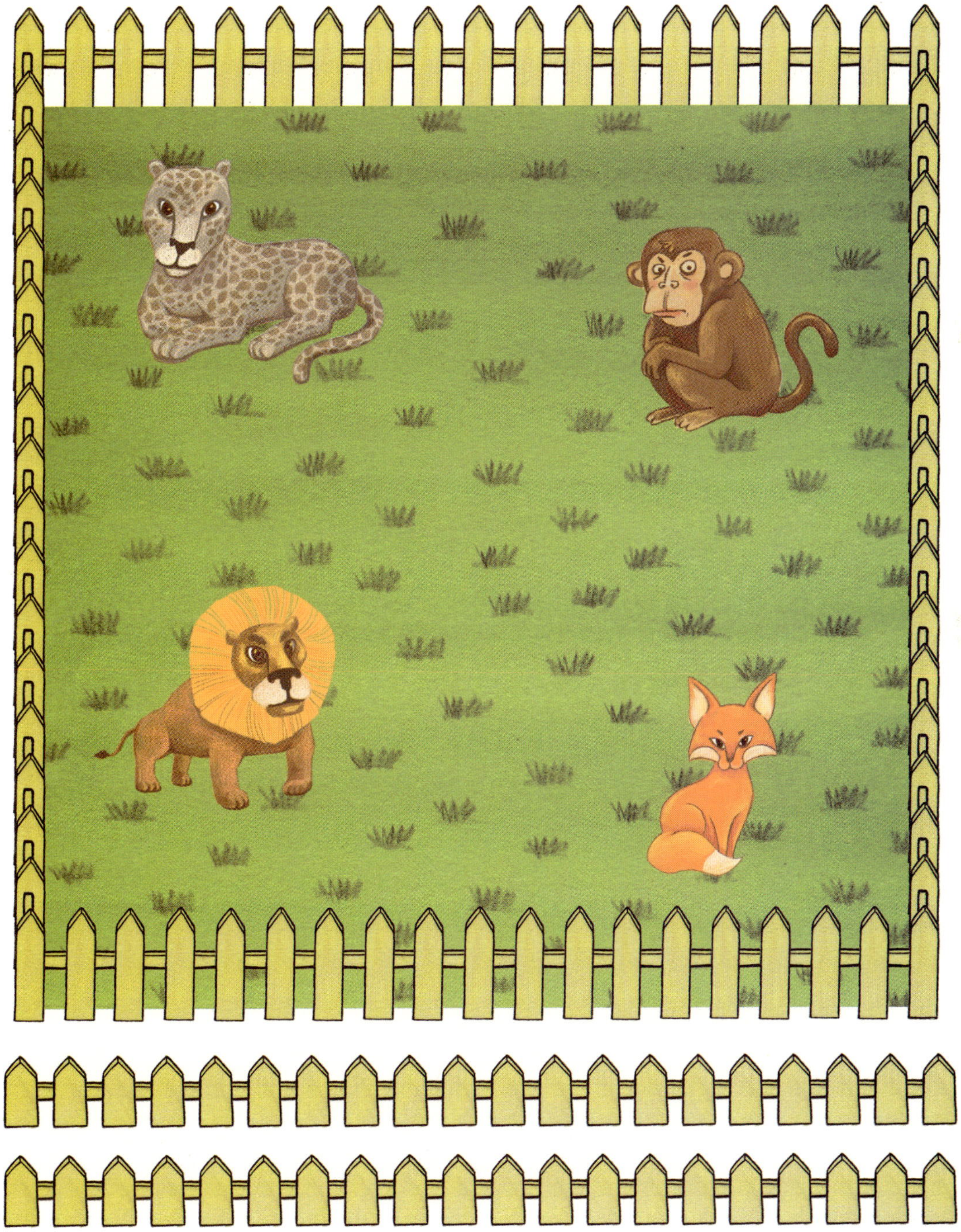

[영역 나누기]

3 바닥에 사각형을 그리고 돌을 던졌습니다. 돌을 선으로 이으면 몇 개의 영역이 만들어지는지 알아봅시다.

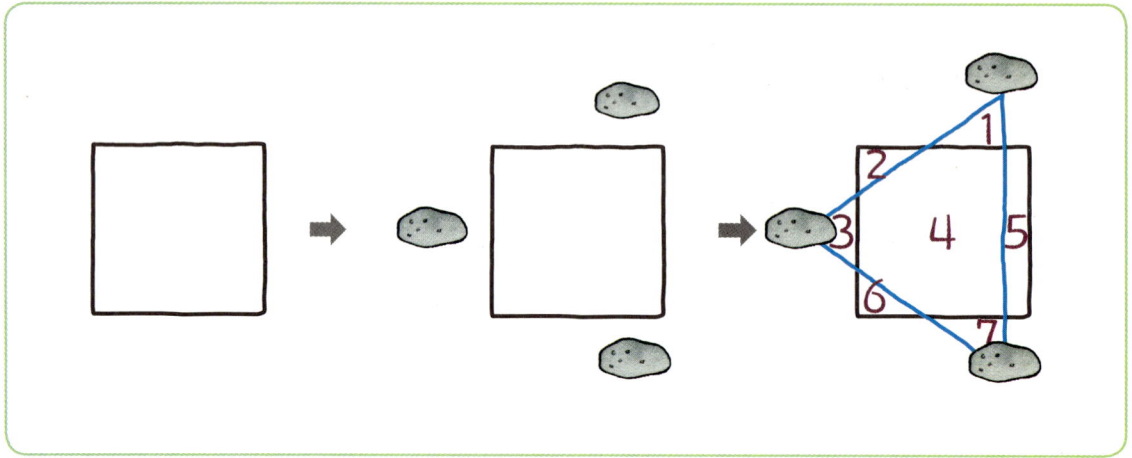

❶ 돌을 선으로 이어 만들어진 영역의 개수를 쓰시오.

❷ 돌을 **4**개 던져 영역을 가장 많이 만들 수 있는 방법을 찾아 그리고, 영역의 개수를 쓰시오.

삼각형 구도의 마술

산을 그리기에 좋은 삼각형 구도는 때로는 마술을 부리기도 합니다.

끝없이 나란하게 달리는 긴 기찻길이 삼각형 구도에 그려지고, 길이가 같은 두 개의 막대가 기찻길 위에 놓이면 두 막대의 길이는 마술과 같이 서로 다르게 보이기도 합니다.

선의 기울기, 간격, 색의 진하고 옅은 정도는 그림 속의 거리감과 깊이를 느끼게 해 줍니다.

선을 그어 만든 구도의 마술을 이용해 착시의 방을 설계했습니다. 그림 속 친구의 키를 비교해 보시오.

착시의 방

Q 크기가 달라 보여요.

A 착시는 사물의 크기, 모양, 색깔 등이 보는 방향이나 주변의 영향을 받아 사실과 다르게 보이는 것입니다. 길이가 같은 2개의 선, 크기가 같은 2개의 원이 어떻게 달라 보이는지를 보여주는 대표적인 착시 작품을 감상해 봅시다.

뮐러 라이어 착시

에빙하우스 착시

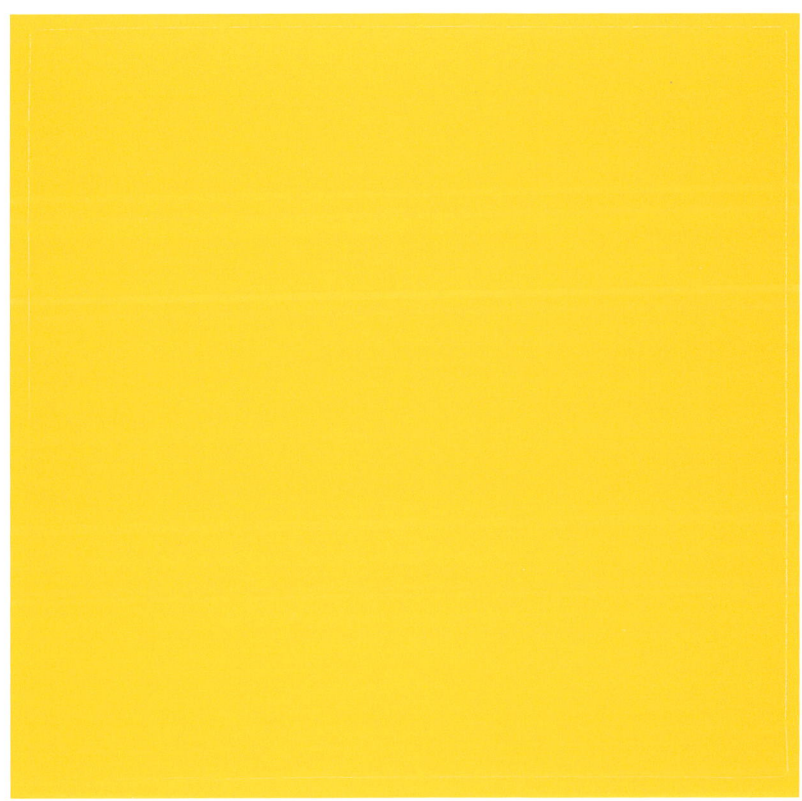

----------- 밖으로 접는 선

///// 풀칠하는 곳

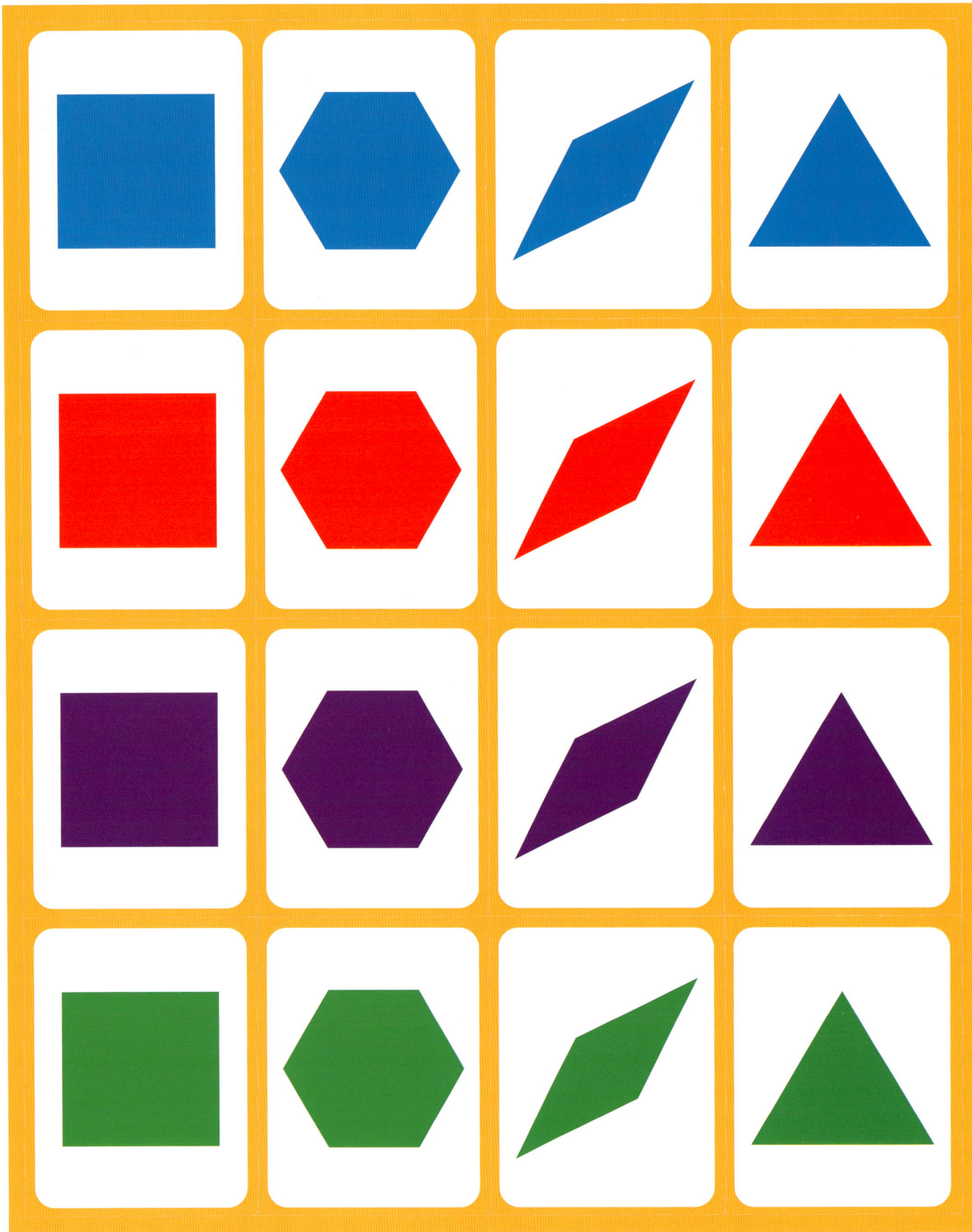

53쪽에 사용하세요.

 붙임 딱지　울타리

122~123쪽에 사용하세요.

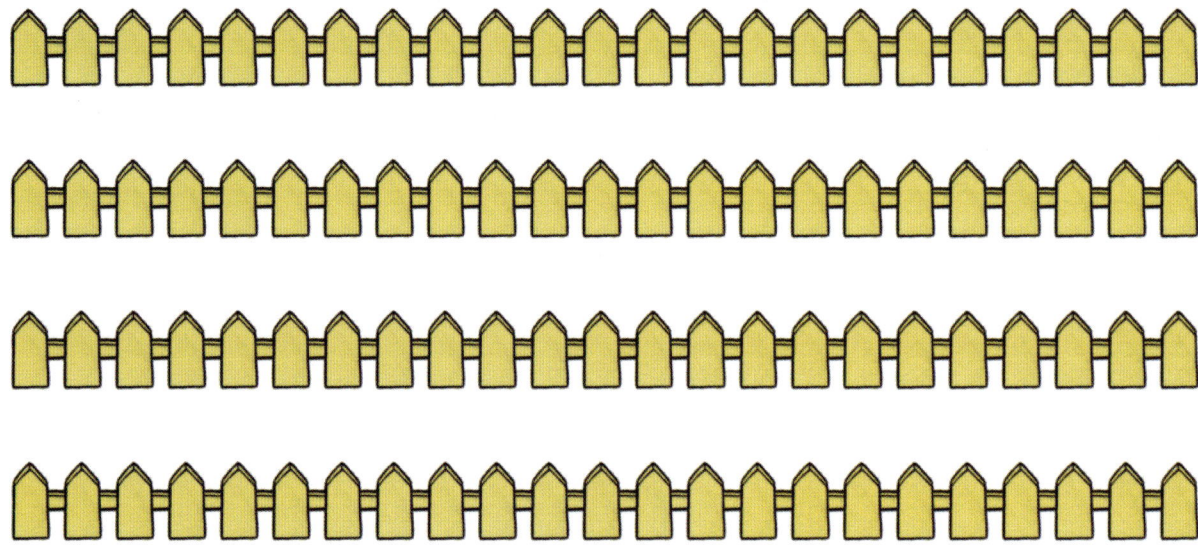

24～25쪽에 사용하세요.

인생은 채워지는 것

인생은 흘러가는 것이 아니라 채워지는 것이다.
하루하루를 그냥 보내는 것이 아니라
내가 가진 무엇으로 채워가는 것이다.

존 러스킨 (John Ruskin)

내 삶의 주인공은 나입니다. 오늘 하루를 무엇으로 어떻게 채워 나갈지는 바로 나에게 달려 있으니까요.
매 순간을 작지만 소중한 무언가로 알차게 채워갈 수 있도록 노력하다 보면,
어느 새 삶은 행복과 만족으로 가득 찰 것입니다.

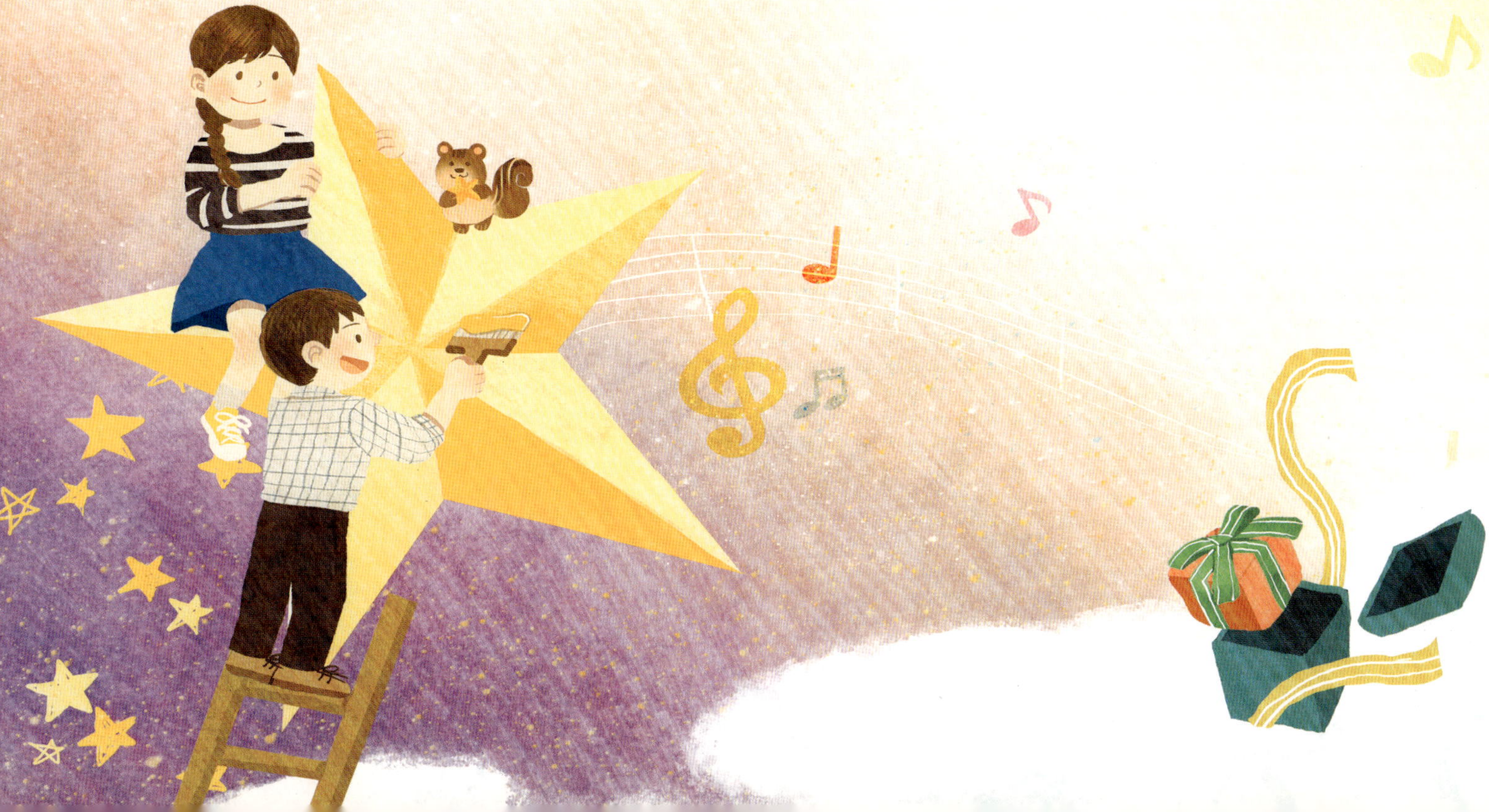

창의력 수학

노크

B 단계

우리 아이의 수학적 잠재력을 깨워주는

창의력
수학 노크

Knock! Knock!

학부모
가이드

명화로
배우는 수학

B3

천재교육

학부모 가이드

우리 아이의
수학적 잠재력을 깨워주는 창의력 수학

노크

B3

I 미술 복원가

❈ 단원소개

이 단원에서는 '복원하기'라는 주제로 평면도형과 입체도형을 완성시키는 활동을 합니다.
연장선을 이용하여 도형을 완성하는 활동을 통해 도형에 대한 감각을 익힐 수 있습니다.

❈ 학습목표

1 선을 연장하여 그림의 조각을 맞추게 합니다.
2 선을 연장하여 원래의 모양을 찾고, 같은 모양을 짝지을 수 있게 합니다.
3 깨진 도자기를 복원하는 활동을 통해 대칭성을 이해하게 합니다.
4 선을 연장하여 입체도형을 완성하게 합니다.

❈ 스토리 동기유발

불에 그을린 그림을 원래의 모습으로 복원하는 이야기입니다. 그림의 일부분으로 원래의 모습
을 만들어내야 하는 상황을 통해 복원의 수학적 의미와 원리를 생각해 볼 수 있습니다.

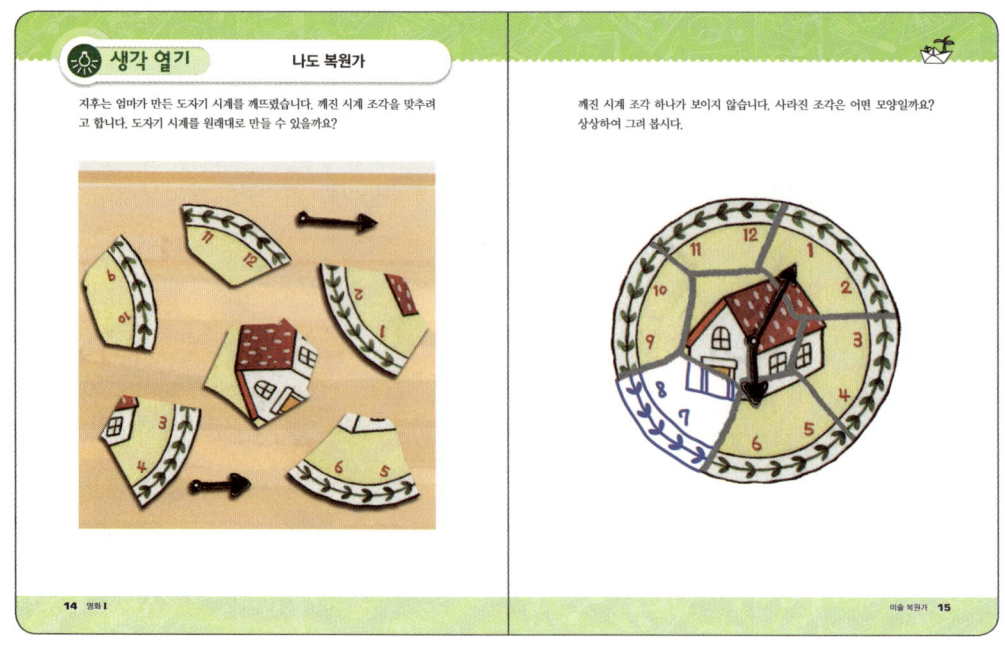

14 · 15

깨진 시계의 조각 맞추기를 하면서 복원
의 의미를 생각해 보는 활동입니다. 원래
의 모양을 찾기 위해 시계의 곡선과 집 그
림의 직선을 연장하면서 복원 후의 모양
을 예상해 봅니다.

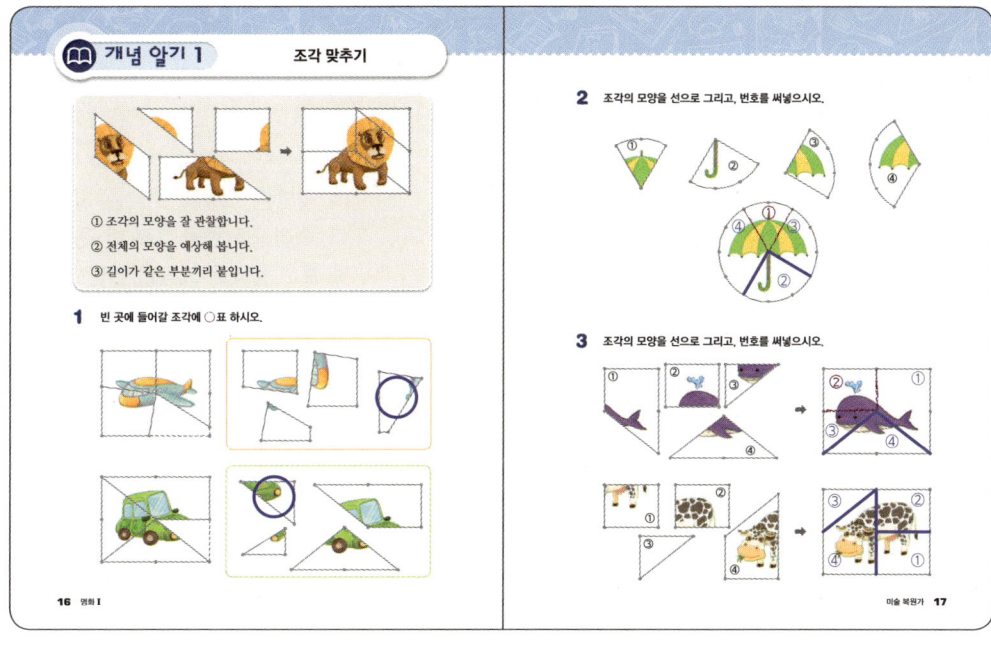

16 · 17

각 조각의 모양과 전체 그림을 예상하여 알맞은 조각을 맞춰 그림을 완성합니다.

1 빈 곳에 들어갈 조각의 모양과 장난감 각 부분의 특징을 예상하여 조각을 찾습니다.

2 우산의 각 부분의 모양의 특징을 이용하여 전체 그림을 예상합니다.

3 동물 그림을 보고 각 조각의 위치를 예상하고 길이가 같은 부분의 조각을 맞춰 그림을 완성합니다.

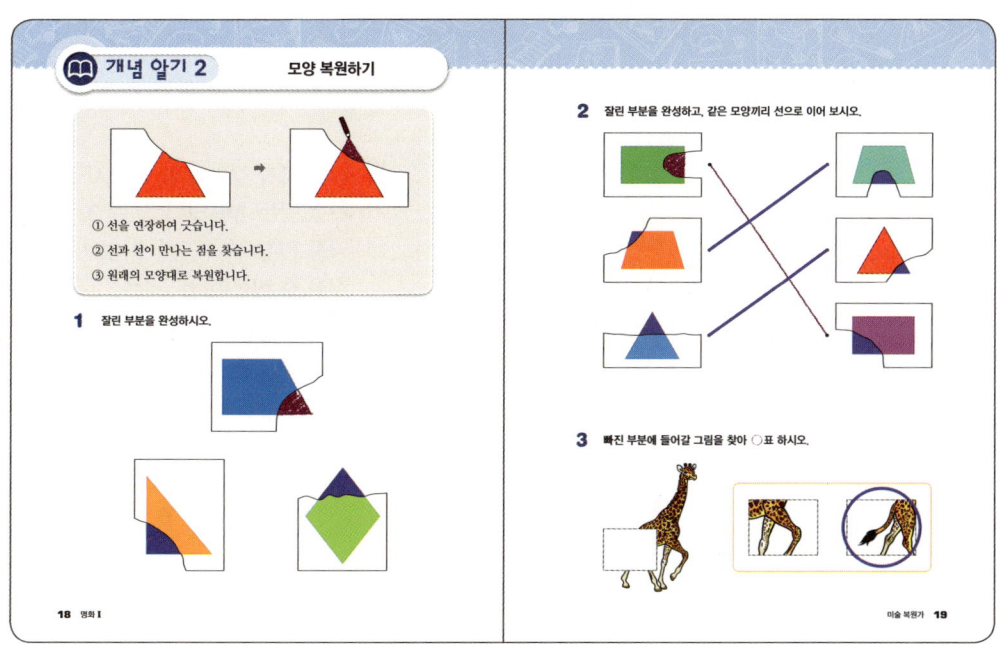

18 · 19

잘린 부분의 선을 연장하여 긋고, 그 선들이 만나는 점을 찾아 원래의 모양을 복원합니다.

1 잘린 부분의 선을 연장하여 모양을 복원합니다.

2 잘린 부분의 선을 연장하여 원래의 모양을 찾고, 같은 모양을 가진 도형끼리 연결합니다.

3 동물의 전체 모습을 예상하여 알맞은 그림을 고릅니다. 다른 동물카드의 일부분을 가리고 가려진 부분의 그림을 완성하는 활동을 추가할 수 있습니다.

I 미술 복원가

스토리텔링 창의수학

[카페트]
1 이란의 타브리즈 지역의 카페트는 사람들이 직접 손으로 만드는 것으로, 화려하고 정교한 무늬로 유명합니다. 구멍 난 부분에 알맞은 무늬를 골라 ○표 하시오.

20 명화 I

[직소퍼즐]
2 직소퍼즐은 여러 개의 조각을 맞추어 하나의 그림을 완성하는 퍼즐입니다. 1700년대 영국에서는 다른 나라 도시의 위치를 공부하기 위해 직소퍼즐을 이용했고, 현재는 명화를 이용한 직소퍼즐이 많습니다. 빈 곳에 알맞은 퍼즐 조각을 찾아 ○표 하시오.

고흐 〈빈센트의 의자〉

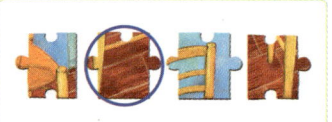

미술 복원가 21

20 · 21

1 선의 연장을 이용하여 구멍 난 부분에 알맞은 그림을 고르는 활동입니다. 직접 연장선을 그려 빈 곳을 완성해 보고 알맞은 그림을 찾을 수 있습니다.

2 그림에 있는 의자의 전체 모양을 예상하고, 잘린 부분의 선을 연장하여 빈 곳에 알맞은 조각을 찾는 활동입니다. 연장선을 그어 그림을 완성하고, 알맞은 조각을 찾을 수 있습니다.

스토리텔링 창의수학

[그림 조각]
3 선을 따라 잘랐을 때 나오지 않는 조각을 찾아 ✕표 하시오.

22 명화 I

[칸딘스키]
4 칸딘스키는 도형을 이용한 그림을 많이 그렸습니다. 다음은 칸딘스키의 작품을 보고 그린 그림입니다. 지워진 부분에 알맞은 그림을 찾아 ○표 하시오.

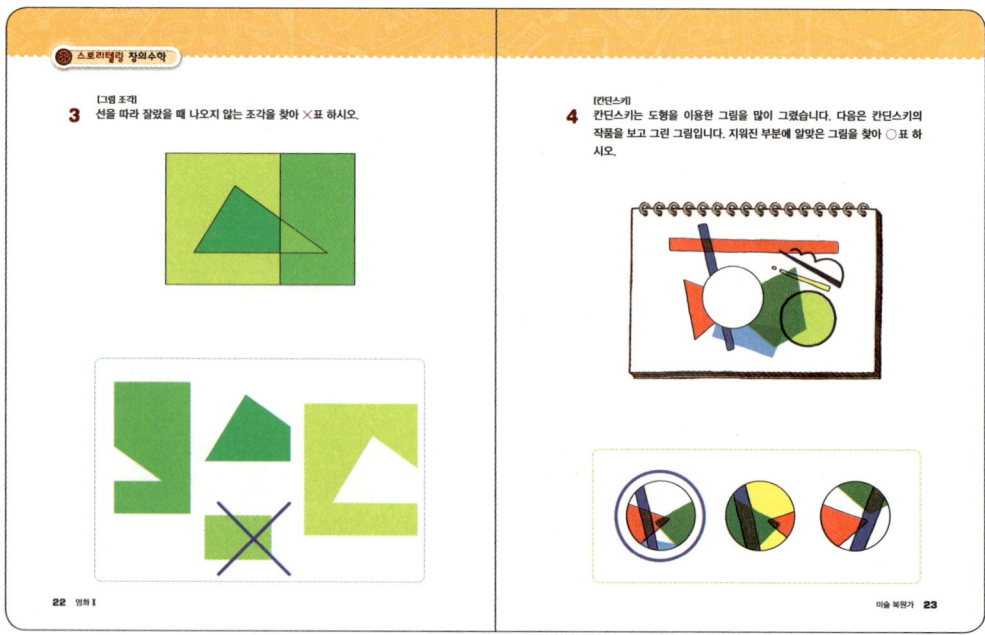

미술 복원가 23

22 · 23

3 선을 따라 잘랐을 때 나오지 않는 조각을 찾는 활동입니다. 각 조각의 모양을 관찰하고, 나올 수 없는 조각을 찾을 수 있습니다.

4 지워진 부분의 도형을 잘 관찰하고, 각 선분을 연장하여 빈 곳에 알맞은 그림을 찾는 활동입니다. 도형의 모양을 예상하고, 연장선을 이용하여 알맞은 그림을 찾을 수 있습니다.

4 명화 I

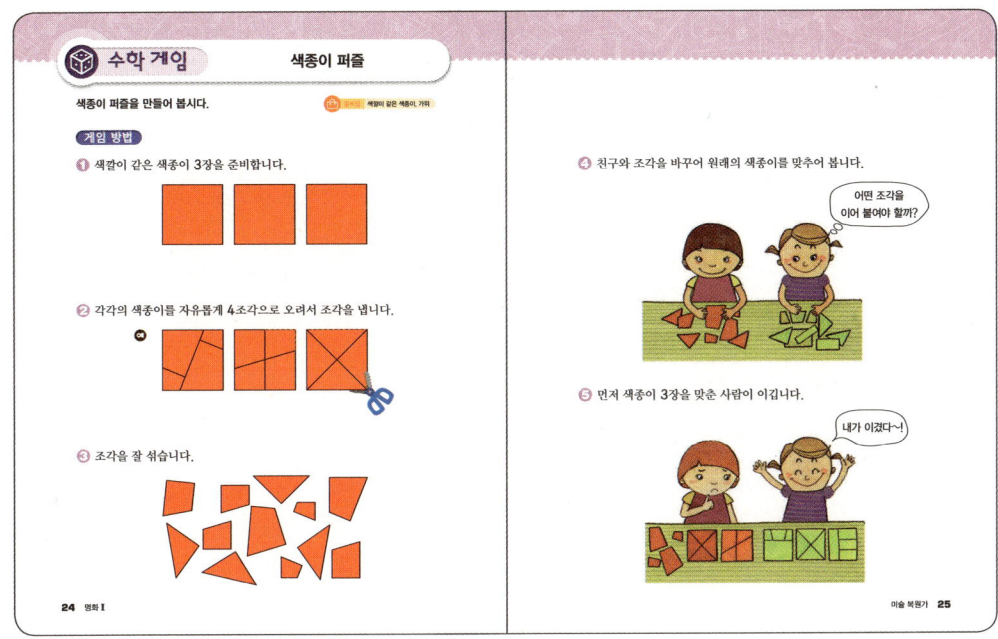

세 장의 색종이를 조각내어 원래의 모양으로 맞추는 게임입니다. 조각낸 색종이를 친구와 바꾸어 3장의 색종이를 먼저 맞추는 사람이 이깁니다. 색종이 조각의 모양을 관찰하고 잘린 모양에서 길이가 같은 부분끼리 이어 원래의 색종이를 완성할 수 있도록 지도합니다.

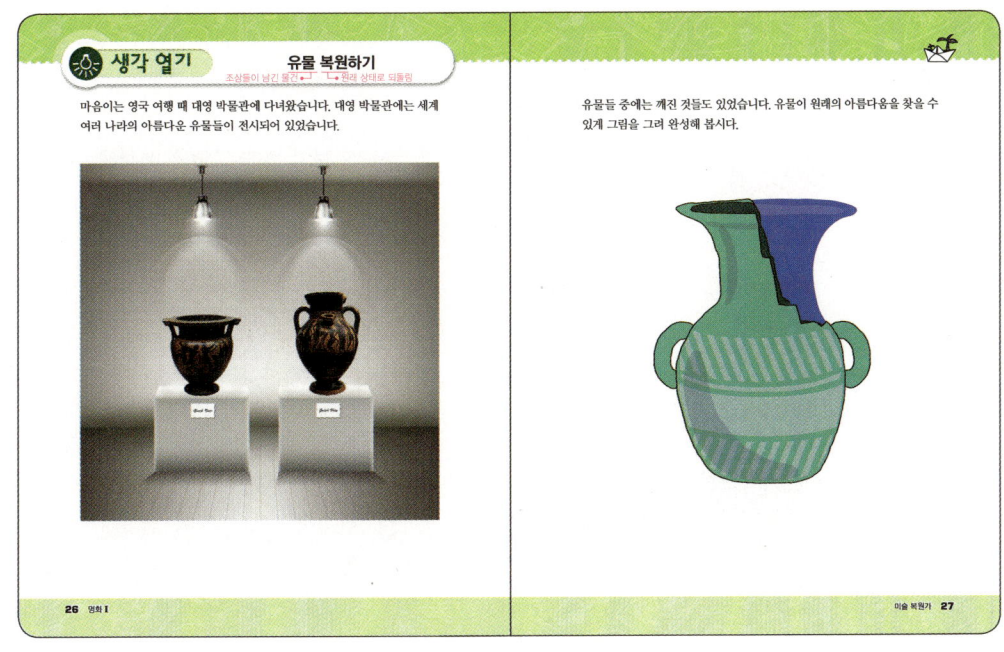

박물관에서 본 유물의 원래 모습을 예상하고 복원하는 활동입니다. 도자기의 대칭성을 이용하여 원래의 모양을 예상하고 그림을 완성해 봅니다.

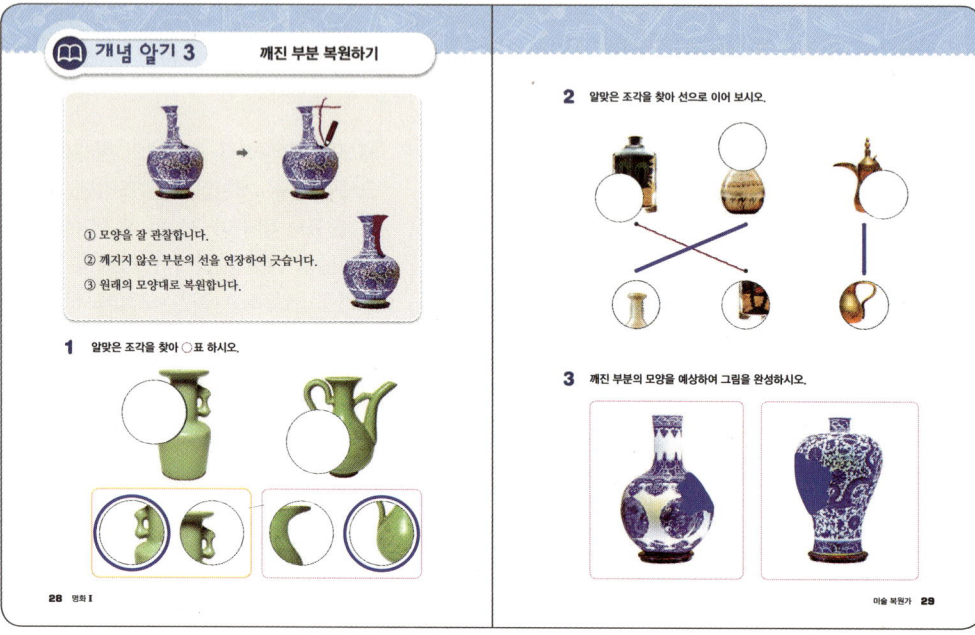

깨진 도자기의 원래 모양을 예상하고 선을 연장하는 방법을 이용하여 모양을 복원합니다.

1 도자기의 전체 모양을 예상하여 빈 곳에 해당되는 조각을 고릅니다.

2 도자기의 전체 모양을 예상하여 빈 곳에 해당하는 조각을 연결할 수 있습니다.

3 왼쪽과 오른쪽의 모양이 대칭인 도자기의 원래 모양을 예상하고, 연장선을 이용하여 깨진 부분에 알맞은 그림을 그려 완성합니다.

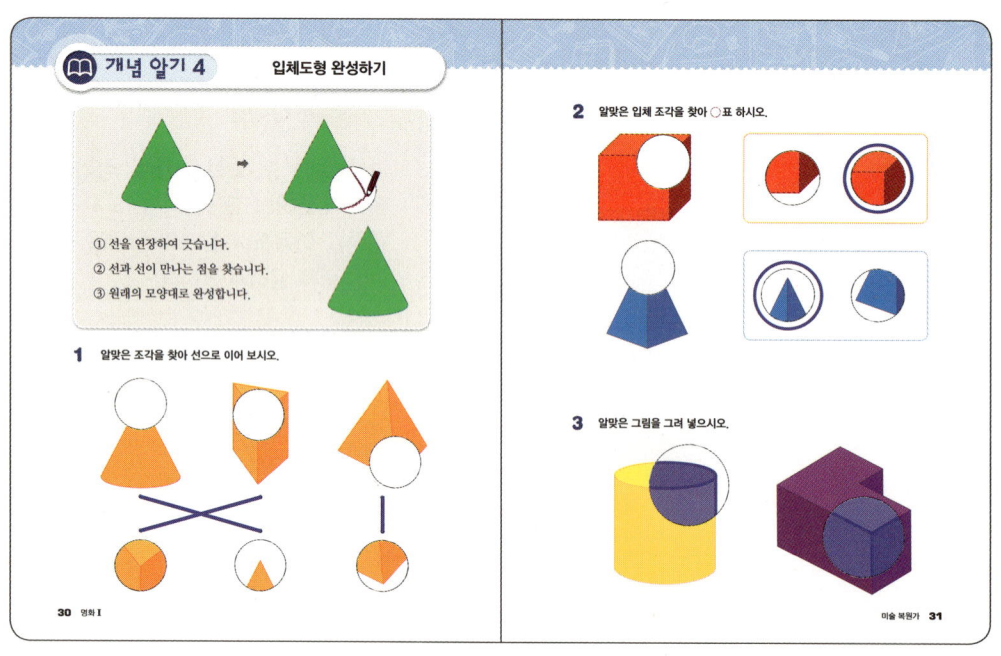

입체도형의 원래 모양을 예상해 보고 각 선분을 연장하여 지워진 부분에 알맞은 그림을 완성합니다.

1 입체도형의 원래 모양을 예상하여 빈 곳에 해당하는 조각을 연결할 수 있습니다.

2 입체도형의 각 면의 모양을 관찰한 후에 연장선을 그어 알맞은 조각을 찾아봅니다.

3 도형의 전체 모양을 예상해 보고 지워진 부분에 연장선을 그어 알맞은 그림을 완성합니다.

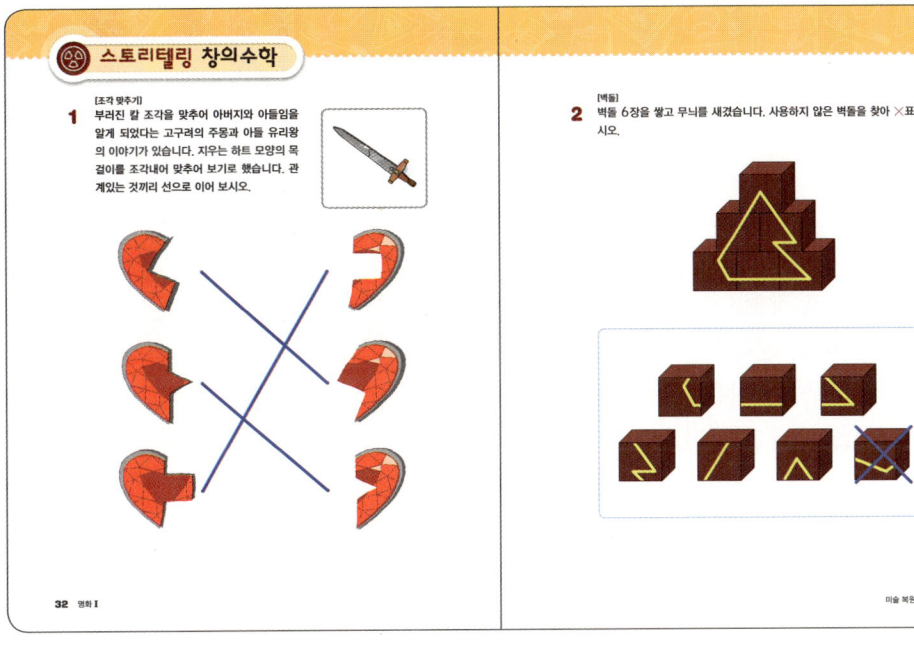

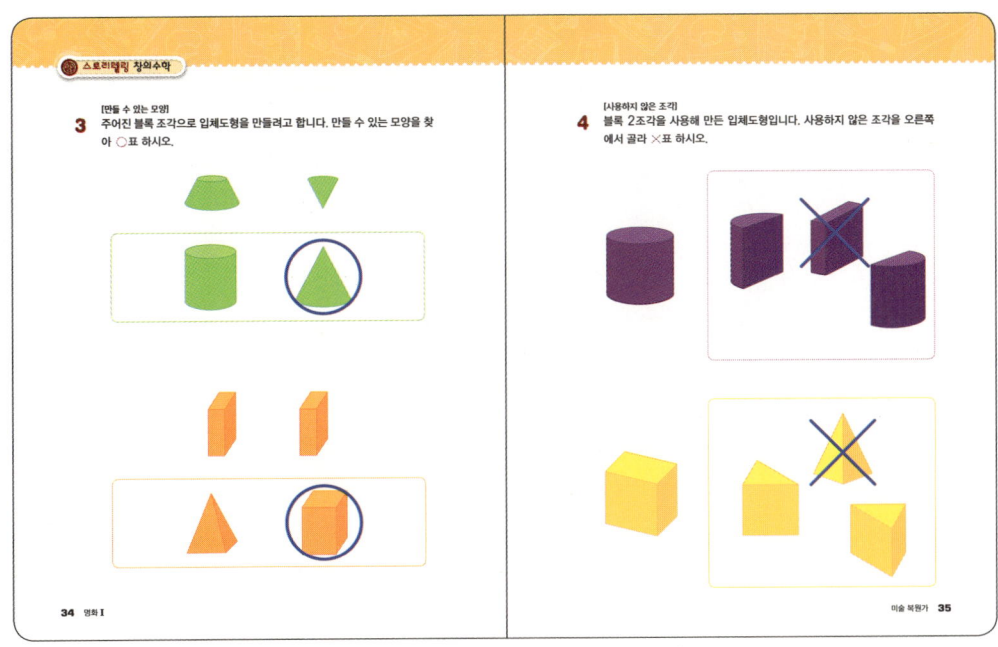

Ⅱ 큐레이터

단원소개

이 단원에서는 '분류하기'라는 주제로 그림과 도형의 공통점을 찾아 기준을 만들고 분류하는 활동을 합니다. 또한 그림의 변화를 관찰하여 규칙을 파악하고 적용해 봅니다.

학습목표

1 분류하기의 의미를 이해하고, 공통점을 찾게 합니다.
2 공통점을 찾아 기준을 만들고, 기준에 따라 분류하게 합니다.
3 주어진 관계를 파악하고, 규칙을 찾아 그림을 완성하게 합니다.
4 주어진 모양의 변화를 관찰하고 규칙을 찾게 합니다.

스토리 동기유발

큐레이터 앙리가 미술품을 수집하고, 분류하여 전시회를 기획하는 이야기입니다. 분류의 원리를 이해하고 그림과 도형, 생활 속 물건들의 공통점을 찾아 기준을 정해 분류해 볼 수 있습니다.

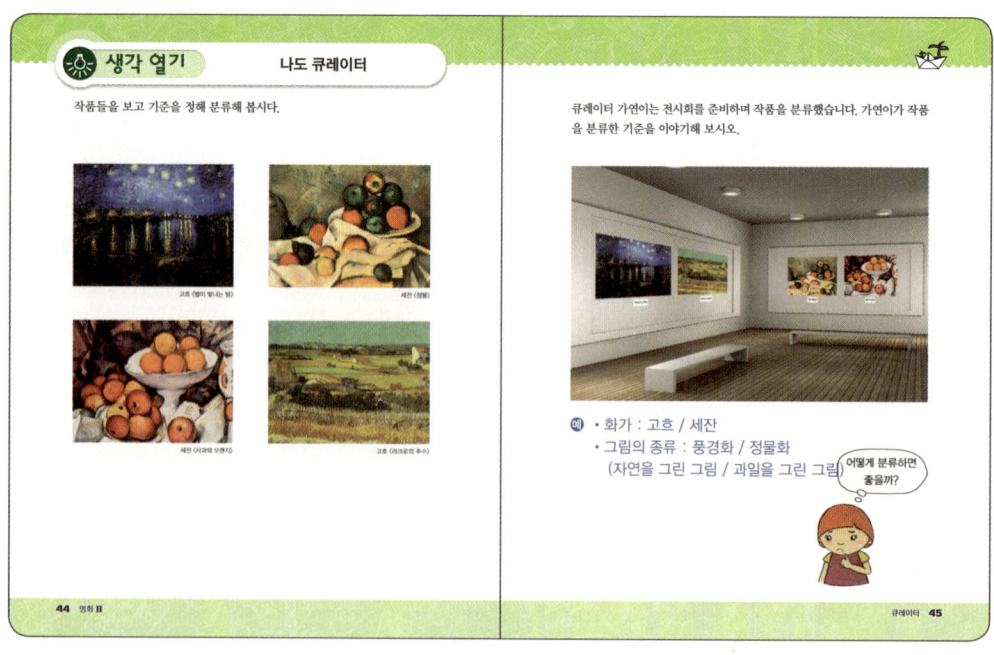

44 · 45

그림을 관찰하고 공통점을 찾아 기준을 정해 보는 활동입니다. 여러 가지 방법으로 기준을 정하고 분류한 것을 서로 이야기해 봅니다.

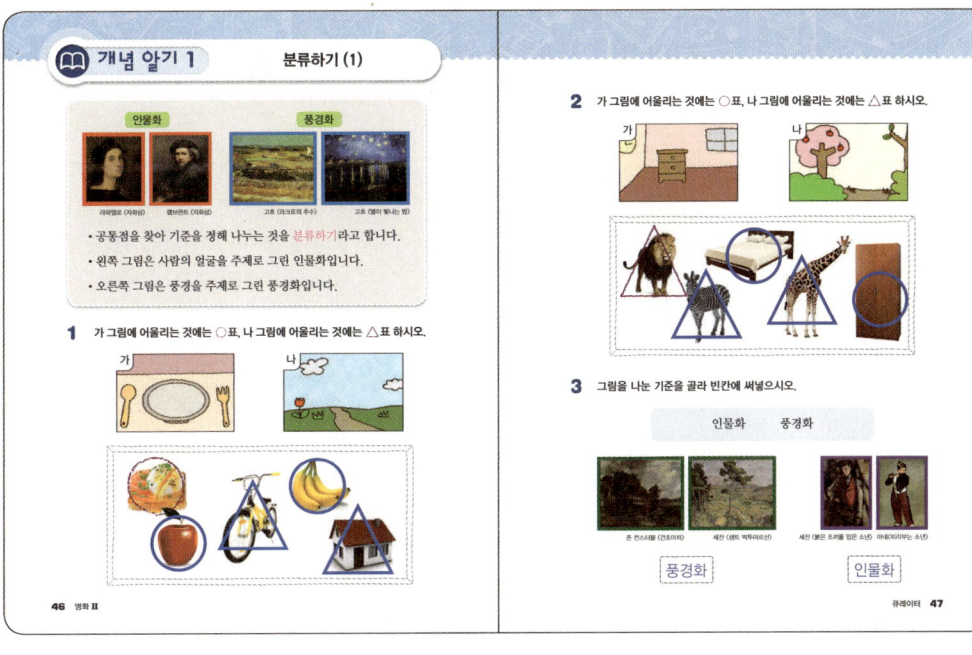

그림을 관찰하고 공통점을 파악하여 기준에 따라 물건을 분류합니다. 생활 주변의 물건을 관찰하고 그림에 어울리는 것을 찾아봅니다.

1 접시 위에 올릴 수 있는 것과 풍경에 어울리는 것을 분류합니다.

2 방 안에 놓을 수 있는 것과 숲 속에 어울리는 것을 분류합니다.

3 그림들을 분류한 기준을 찾을 수 있습니다. 왼쪽 두 개의 그림은 모두 자연의 풍경을 그린 것이고, 오른쪽 두 개는 인물을 그린 것입니다.

도형을 모양과 크기, 색깔에 따라 분류합니다.

1 크기에 따라 큰 모양과 작은 모양으로 분류하고, 모양에 따라 △ 모양과 ○ 모양으로 분류할 수 있습니다. 한 번에 한 가지 기준에만 초점을 두고 분류합니다.

2 모양에 따라 ⬡, ⬡으로 분류하고 색깔에 따라 주황색과 파란색으로 분류할 수 있습니다.

3 모양에 따라 뾰족한 모양과 위, 아래가 모두 평평한 모양으로 분류하고, 색깔에 따라 주황색과 초록색으로 분류합니다.

II 큐레이터

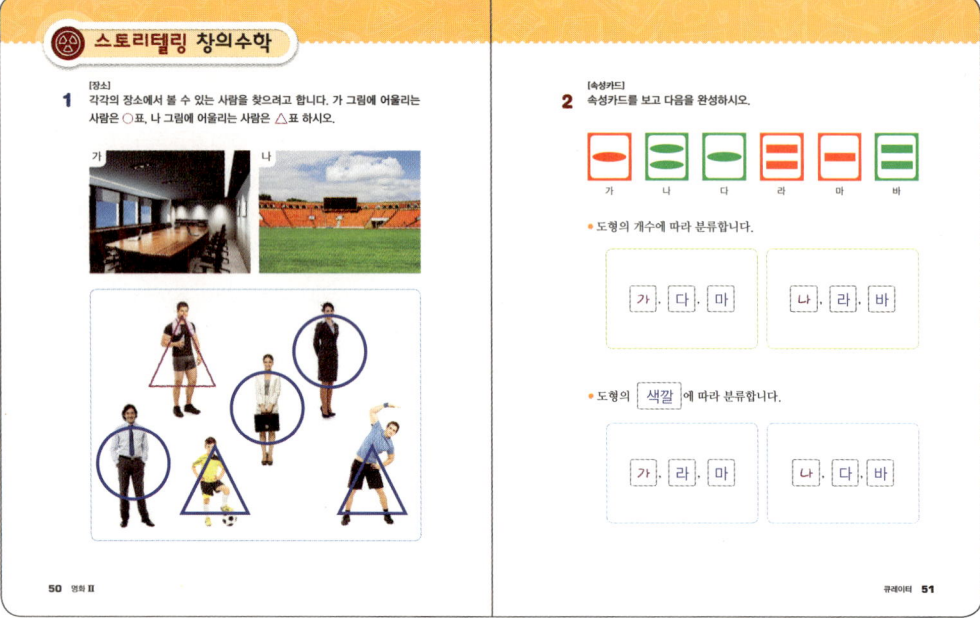

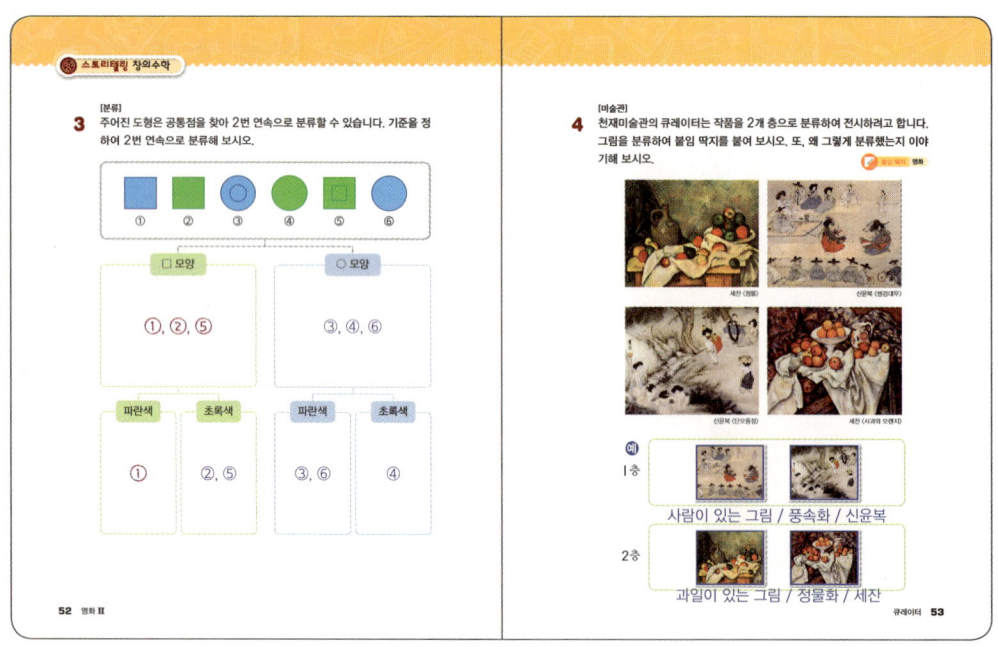

1 두 장소를 관찰하고 회의실과 운동장에 어울리는 사람들을 분류합니다. 사람들을 다른 기준으로 분류해 보고, 어떤 기준으로 나눴는지 이야기해 봅니다.

2 분류에 따른 기준을 파악해 보고, 기준에 맞게 카드를 분류합니다. 분류한 것의 공통점을 파악하고 카드에 그려진 도형의 개수와 색깔에 따라 올바르게 분류해 봅니다.

3 도형을 관찰하고, 도형을 분류할 수 있는 공통점을 찾아봅니다. 모양, 색깔 등을 기준으로 하여 분류해 봅니다.

4 그림을 관찰하고 공통점을 찾아 기준을 정해 봅니다. 화가(신윤복, 세잔), 그린 대상(사람, 과일), 그림의 종류(풍속화, 정물화) 등을 기준으로 자유롭게 분류해 봅니다. 각자의 기준을 설명해 볼 수 있습니다.

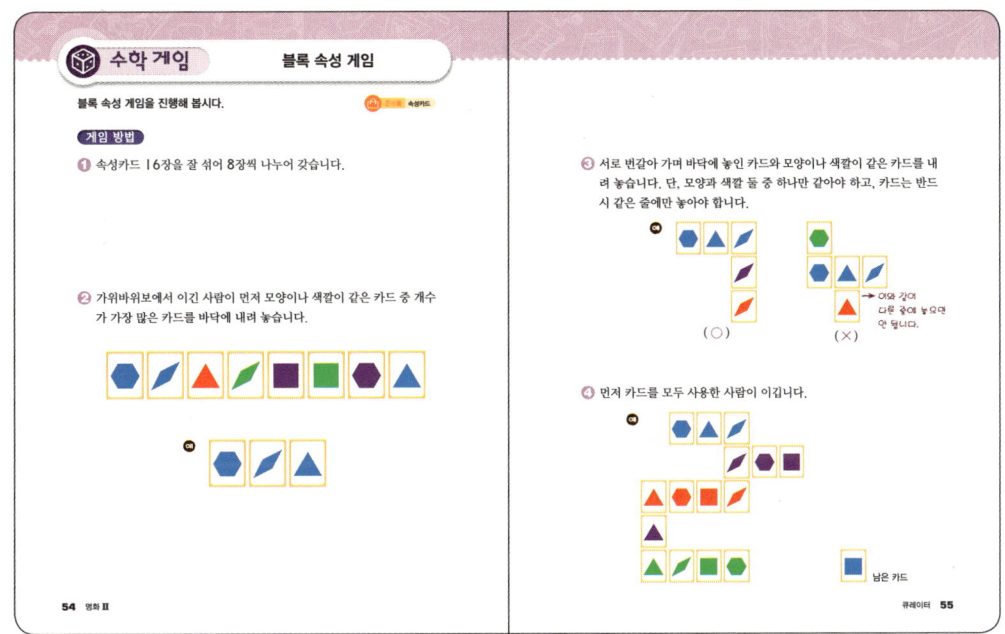

속성카드를 모양이나 색깔을 기준으로
분류하고 나열하는 게임입니다.
각 차례마다 적당한 기준에 맞게 카드를
배열하도록 지도합니다. 상대가 무엇을
기준으로 카드를 배열하는지 맞춰 보는
시간을 가져 봅니다.

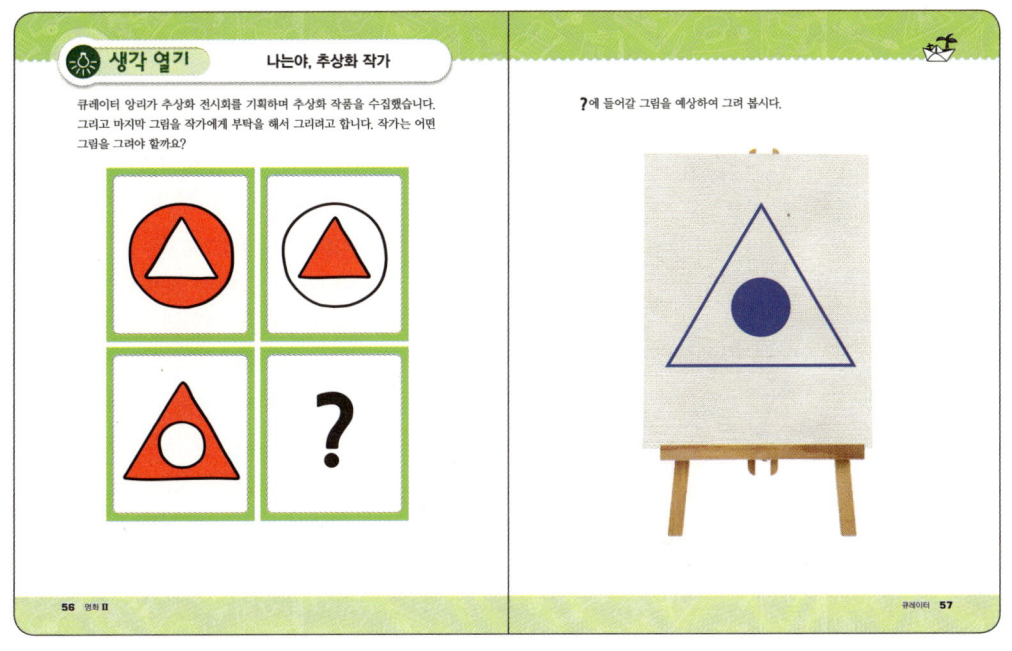

그림의 변화를 관찰하고, 변화 관계를 파
악하여 그림을 완성하는 활동입니다. ○
와 △의 위치는 그대로이고, 색깔이 서로
바뀌었습니다.

58 · 59

그림에 있는 대상들의 관계를 파악하여 알맞은 그림을 알아봅니다.
실제 사물들로 변화 관계를 만들어 보는 활동을 추가할 수 있습니다.

1 꽃병이 한 개인 그림과 두 개인 그림 입니다. 꽃병의 개수가 늘어난 관계를 이용하여 문제를 해결합니다.

2 모자를 쓴 여자와 모자를 쓴 남자의 그림입니다. 여자가 남자로 변하는 관계를 이용하여 책을 읽는 남자를 예상할 수 있습니다.

3 사람이 1명인 그림과 2명인 그림입 니다. 사람 수의 변화로 다음에 올 그 림을 예상할 수 있습니다.

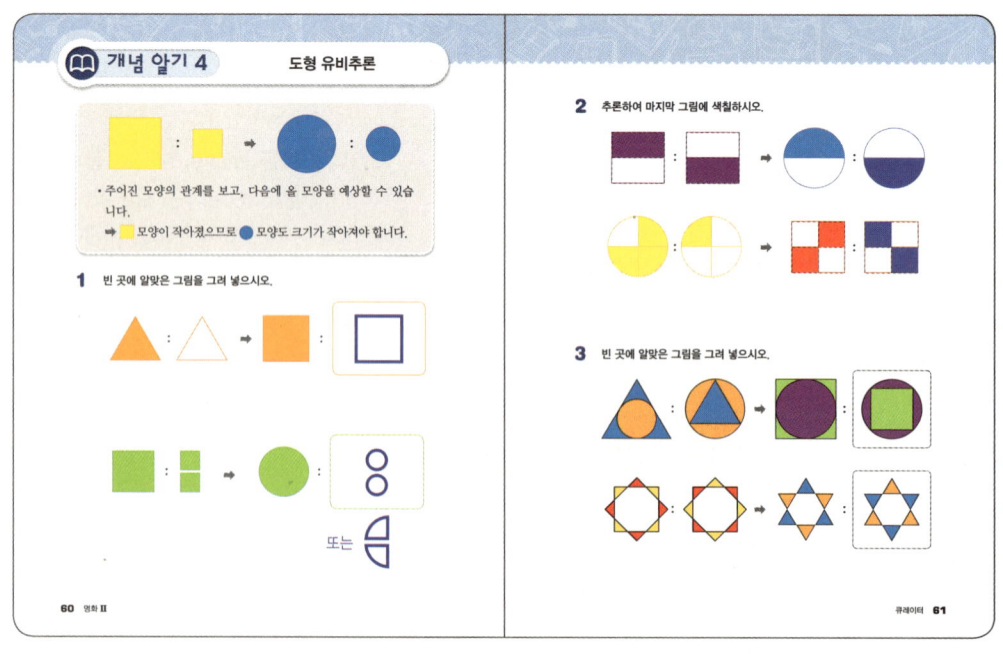

60 · 61

모양의 변화 관계를 파악하여 알맞은 그 림을 예상하고 그려 봅니다.

1 주황색이 흰색으로, 큰 사각형 한 개 가 작은 사각형 두 개로 변합니다. 색, 크기, 개수의 변화에 주목하여 그림 을 완성합니다.

2 색칠한 부분의 위치가 바뀌는 관계가 있습니다. 색칠한 부분의 관계를 파 악하여 그림을 완성합니다.

3 도형의 위치가 서로 바뀌는 관계가 있습니다. 관계를 파악하여 그림을 완성합니다.

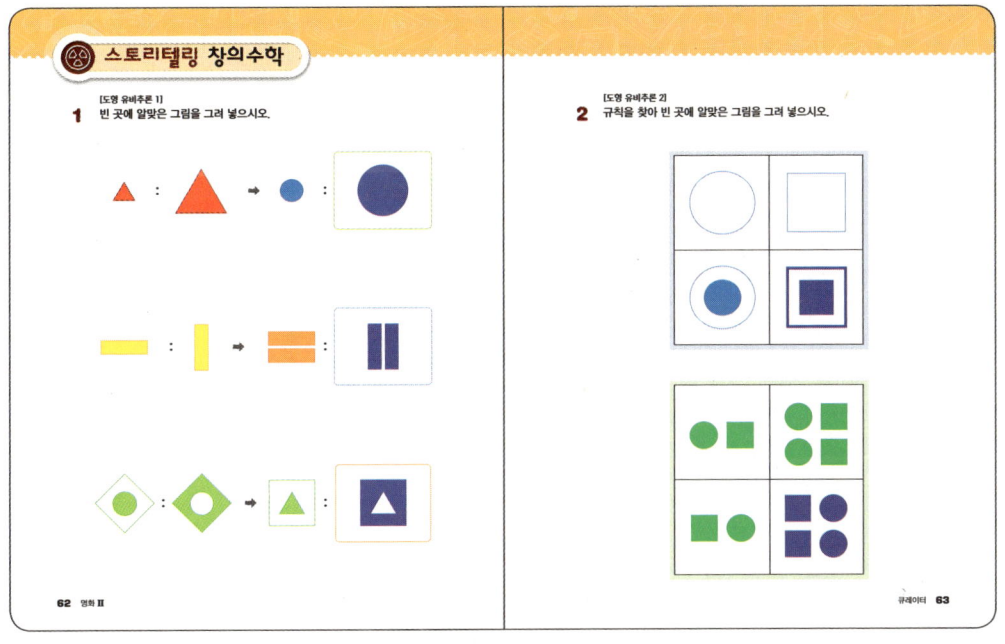

62 · 63

1 그림의 변화 관계를 파악하여 알맞은 그림을 그립니다. 크기가 커지고, 방향이 변하고, 색칠한 부분이 바뀌는 규칙을 파악하여 그림을 완성합니다.

2 원이 사각형으로 변하고, 똑같은 모양이 하나씩 더 생기는 규칙을 파악하여 그림을 완성합니다.

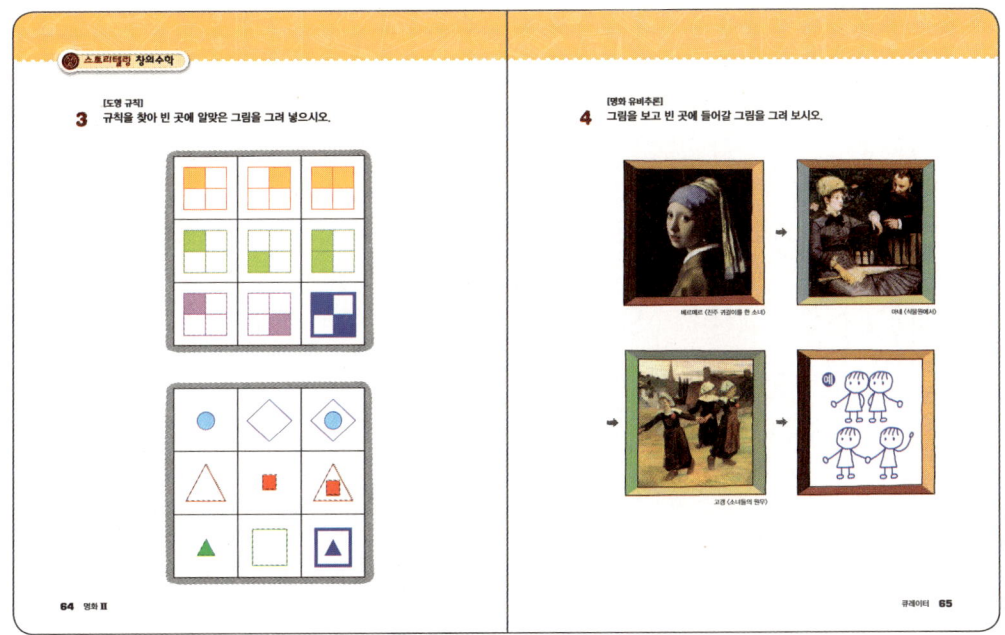

64 · 65

3 가로의 같은 줄에 있는 그림끼리 관찰해 봅니다. 각 줄의 세 번째 칸에 있는 그림은 첫 번째와 두 번째 그림의 색칠한 부분을 모두 색칠하여 나타냅니다.

4 순서가 있는 그림들의 관계를 파악합니다. 그림 속 사람이 한 명에서 두 명, 두 명에서 세 명으로 늘어나는 관계를 이용하여 사람이 네 명인 그림을 그립니다. 자유롭게 그린 그림을 서로 소개하는 시간을 가질 수 있습니다.

III 자동차 디자이너

✛ 단원소개

이 단원에서는 하나의 대상을 여러 방향에서 관찰하고 그 구성 요소를 찾아봅니다. 또한, 여러 방향에서 관찰한 모양들을 입체적으로 조합하고 알맞은 모양을 찾을 수 있습니다.

✛ 학습목표

1 하나의 물건을 여러 방향에서 관찰하고 그 모양을 구별하게 합니다.
2 방향 개념을 이해하고, 여러 방향에서 보이는 모습을 예상하여 그림을 그려 보게 합니다.
3 블록으로 만든 도형을 관찰하고 사용하지 않은 블록을 찾게 합니다.
4 여러 방향에서 관찰한 모습을 조합하여 알맞은 모양을 찾고, 사용한 블록을 찾게 합니다.

✛ 스토리 동기유발

세계 최초로 자동차를 만들고 발전시킨 칼 벤츠의 이야기입니다. 여러 가지 자동차를 직접 디자인해 보고, 다양한 모양의 자동차를 여러 방향에서 관찰하며 그 모양에 대해 탐구해 봅니다.

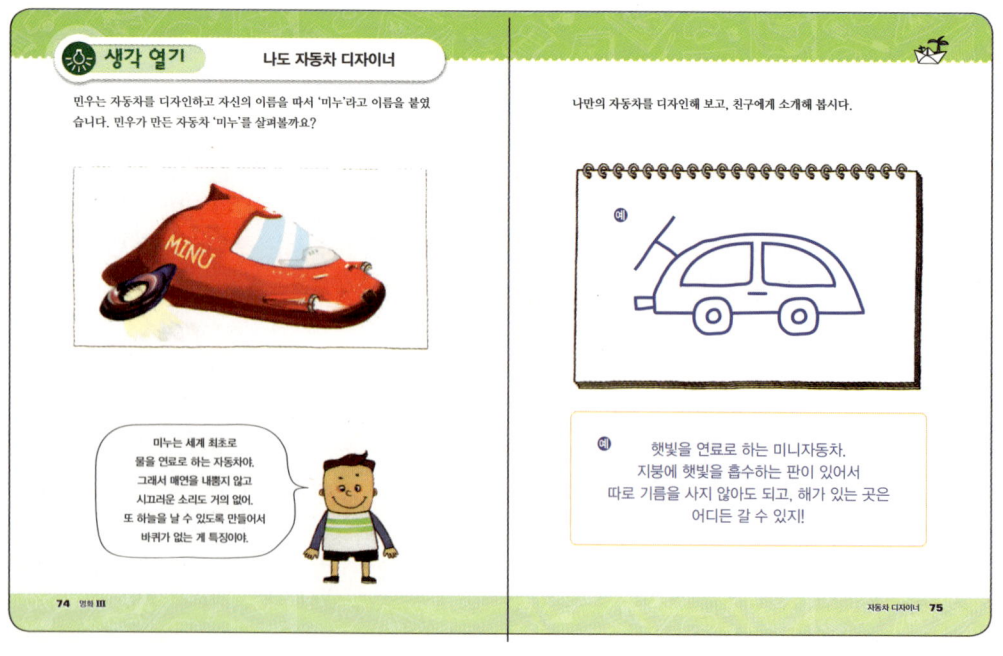

74 • 75

나만의 자동차를 직접 그려 보는 활동입니다. 다양한 모양으로 그림을 그리고 이름을 붙여 소개하는 시간을 가져봅니다. 특이한 디자인의 자동차나 새로운 소재로 만든 자동차들을 소개해도 좋습니다.

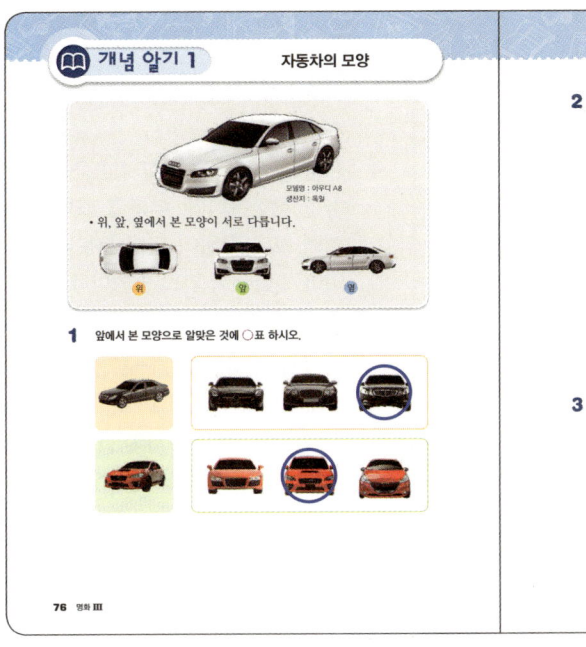

76 · 77

하나의 대상을 여러 방향에서 관찰해 봅니다.

1 자동차를 관찰하여 앞에서 본 모습을 예상해 봅니다.

2 자동차를 관찰하여 옆에서 본 모습을 예상해 봅니다. 자동차의 용도에 따른 특징을 이용하여 알맞은 것을 찾을 수도 있습니다.

3 자동차의 특징을 찾고, 다른 방향에서 관찰한 모습을 예상해 봅니다.

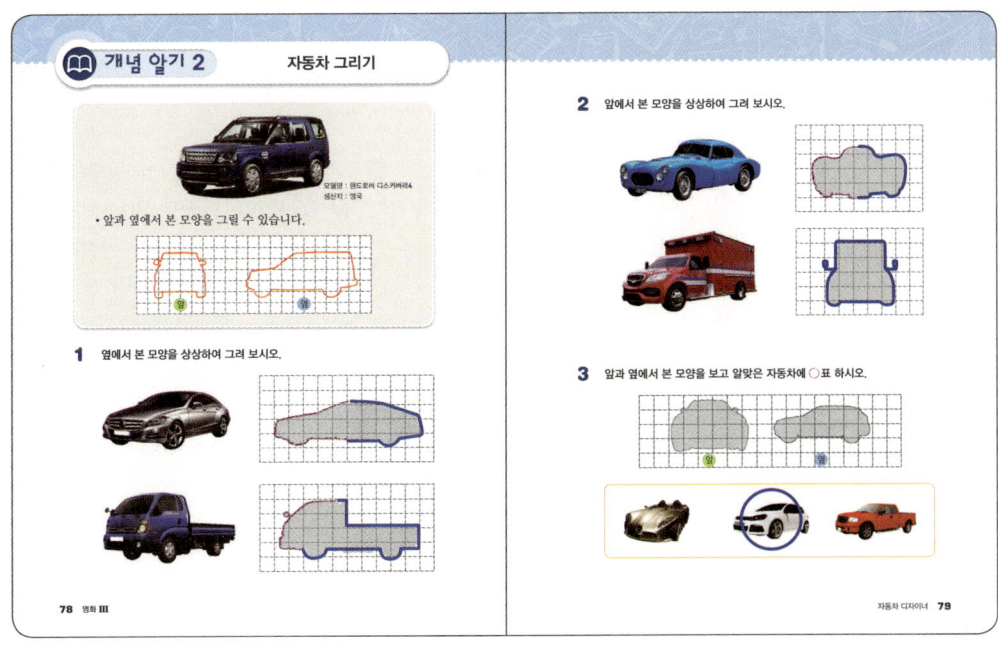

78 · 79

자동차의 전체 모습을 예상하고 앞과 옆에서 관찰한 모습을 그려 봅니다. 다양한 모양의 자동차를 직접 관찰하고 그려 볼 수 있습니다.

1 자동차의 특징을 찾아 옆에서 본 모양을 예상해 봅니다. 앞에서 본 모양을 예상해 보는 것도 좋습니다.

2 전체 모습을 예상한 후에 앞에서 본 모양을 그려 봅니다. 그림자 힌트를 이용하여 그림을 완성할 수 있습니다.

3 앞과 옆에서 본 모습을 그린 그림을 보고 전체 모양을 예상하여 알맞은 자동차를 찾아봅니다.

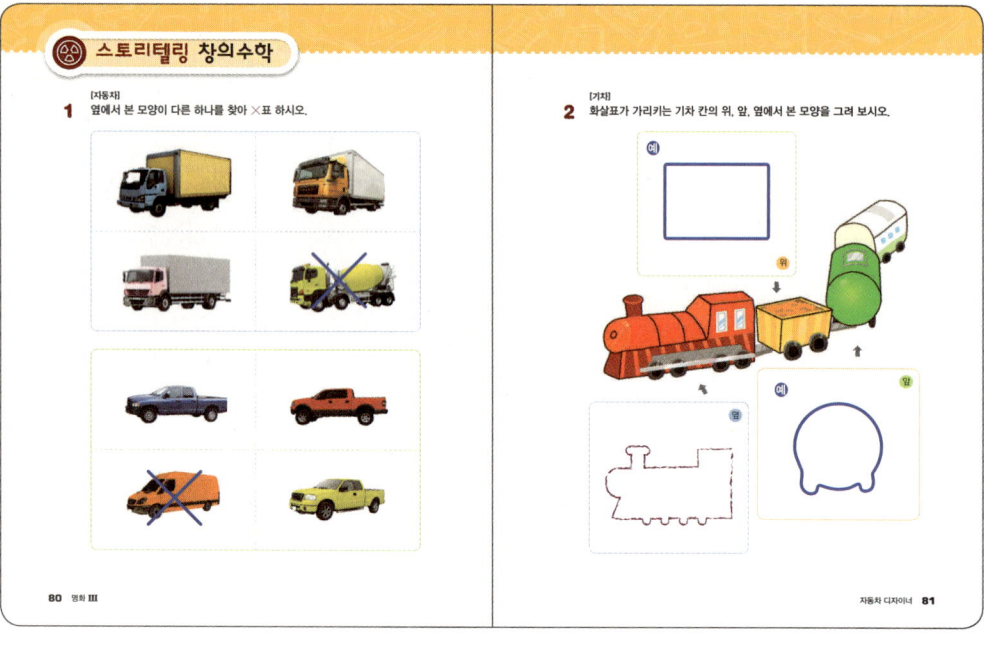

1 자동차의 모양을 관찰하고 공통된 특징을 찾아봅니다. 부분을 나누어 관찰해 보고 모양이 다른 부분을 찾아 이야기 나누어 봐도 좋습니다.

2 다양한 모양의 기차를 각각 다른 방향에서 관찰합니다. 모양의 특징이 나타나도록 단순하게 그립니다. 장난감 기차를 여러 가지 방향에서 관찰하고 그 모양을 그려 볼 수도 있습니다.

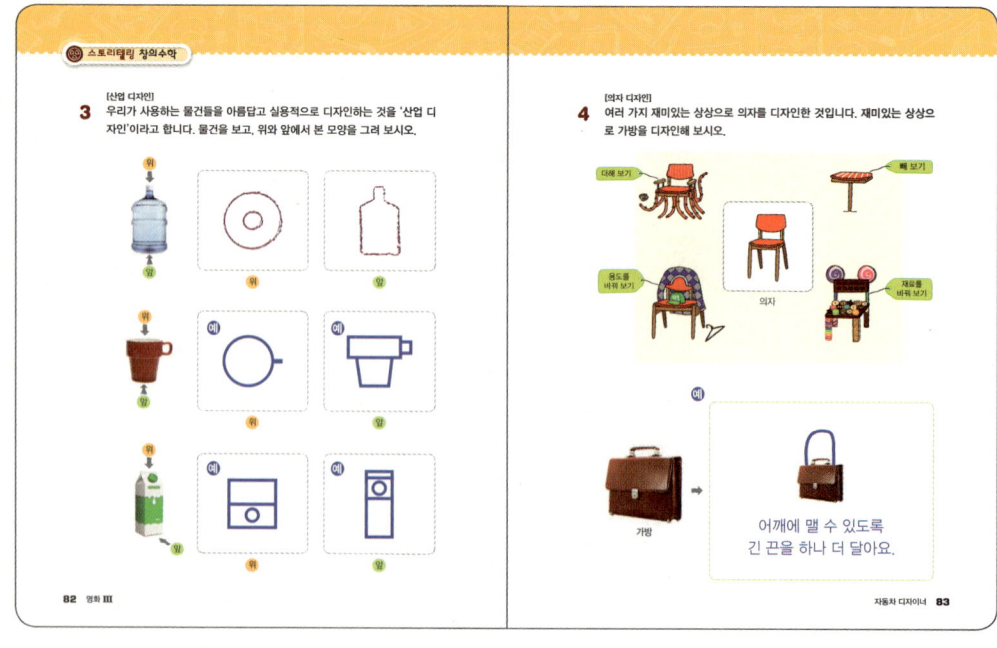

3 '위'와 '앞'을 구분하고, 관찰한 모양을 그립니다. 특징이 있는 물건을 찾아 여러 가지 방향에서 관찰하고 그림을 그려 볼 수 있습니다.

4 기존에 있던 물건의 디자인을 창의적이고 다양한 방법으로 바꾸어 봅니다. 예시에 있는 방법 외에 다른 방법을 이용하여 나만의 디자인을 완성할 수도 있습니다.

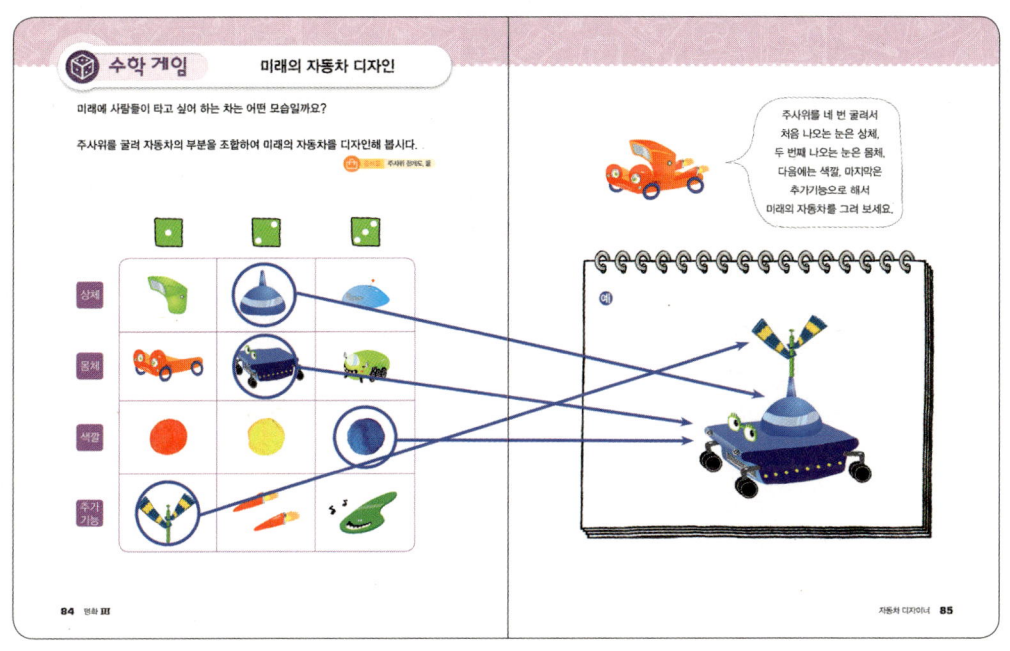

주사위 눈에 해당하는 부분을 조합하여 다양한 모양의 자동차를 만들어 보는 게임입니다. 여러 가지의 자동차를 디자인해 보고 함께 이야기 나누어 볼 수 있습니다.

블록을 사용하여 자동차를 입체적으로 표현해 보는 활동입니다. 블록으로 직접 자동차를 만들고, 관찰한 모양을 그려 볼 수 있습니다.

블록을 사용하여 완성한 자동차의 특징을 찾고, 사용한 블록과 사용하지 않은 블록을 구분합니다.

1 자동차의 특징을 찾아 부분을 나누어 관찰하여 사용하지 않은 블록을 찾습니다.

2 자동차의 특징을 찾아 부분을 나누어 관찰해 봅니다. 주어진 블록을 사용하여 원래의 자동차를 만들 수 있는지 확인해 봅니다.

3 블록의 특징을 관찰하고 블록을 모두 사용하여 만든 자동차를 찾습니다.

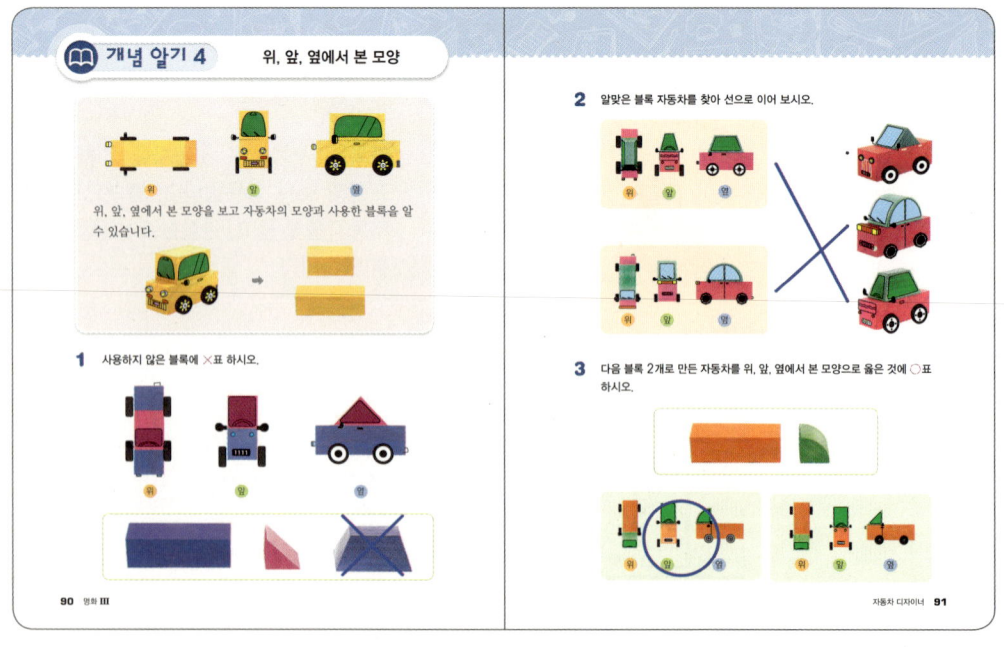

여러 가지 방향에서 관찰한 모양을 조합하여 하나의 입체를 완성하고, 사용된 블록을 찾아봅니다.

1 자동차의 특징을 관찰하고 사용하지 않은 블록을 찾아봅니다.

2 여러 가지 방향에서 관찰한 그림을 보고, 원래의 자동차 모양을 예상해 봅니다. 모양의 특징을 이용하여 알맞은 자동차를 찾을 수 있습니다.

3 블록의 특징을 관찰하여 블록을 사용하여 만든 자동차의 위, 앞, 옆에서 본 모습을 예상해 봅니다.

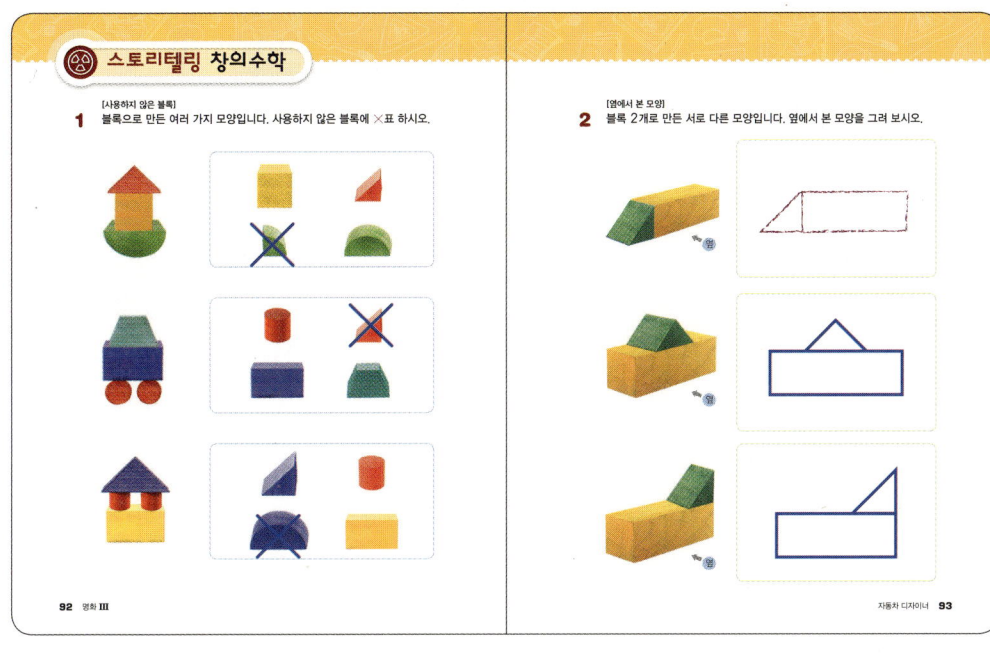

92 · 93

1 블록의 특징을 관찰하고 사용한 블록을 찾아봅니다. 각 블록을 여러 방향에서 관찰한 모양을 예상하여 해결해 봅니다.

2 블록의 특징을 관찰하고 옆에서 본 모양을 그려 봅니다. 블록을 사용하여 직접 다양한 모양을 만들고 관찰해 볼 수도 있습니다.

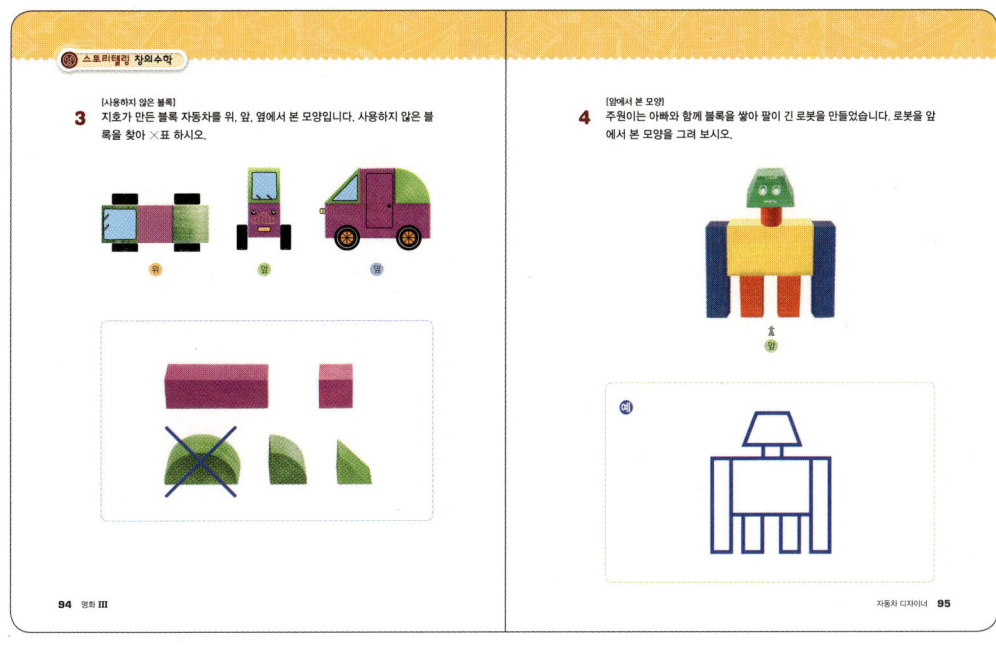

94 · 95

3 여러 가지 방향에서 관찰한 모양을 보고 원래의 자동차 모양을 예상해 봅니다. 예상한 자동차를 그려 보고 사용하지 않은 블록을 찾을 수 있습니다.

4 작품을 관찰하고 앞에서 본 모양의 테두리를 따라 그려 봅니다. 생활 주변의 물건으로 직접 작품을 만들고 관찰한 모양을 그려 볼 수 있습니다.

IV 나도 화가

✿ 단원소개

이 단원에서는 선에 의해 영역이 구분되는 것을 살펴봅니다. 하나의 도형을 잘라 만들 수 있는 모양과 개수를 확인하고, 두 개의 도형을 이용하여 만들 수 있는 조각의 개수를 셀 수 있습니다.

✿ 학습목표

1 사각형에 한 개 또는 두 개의 선을 그어 한 가지 모양의 도형으로 나누게 합니다.
2 사각형에 선을 그어 두 가지 모양의 도형으로 나누게 합니다.
3 원에 선을 그어 다양한 개수의 조각을 만들게 합니다.
4 두 개의 도형을 여러 가지 방법으로 겹쳐 다양한 개수의 조각을 만들게 합니다.

✿ 스토리 동기유발

창문 밖 풍경의 구도를 잡아 그림을 그리는 이야기를 통해 '분할'과 '영역'에 대한 호기심을 유발하고 있습니다. 선을 그어 영역을 나눌 수 있음을 이해하고, 직접 창문 밖 풍경을 관찰하며 구도에 대해 이야기 나누어 볼 수 있습니다.

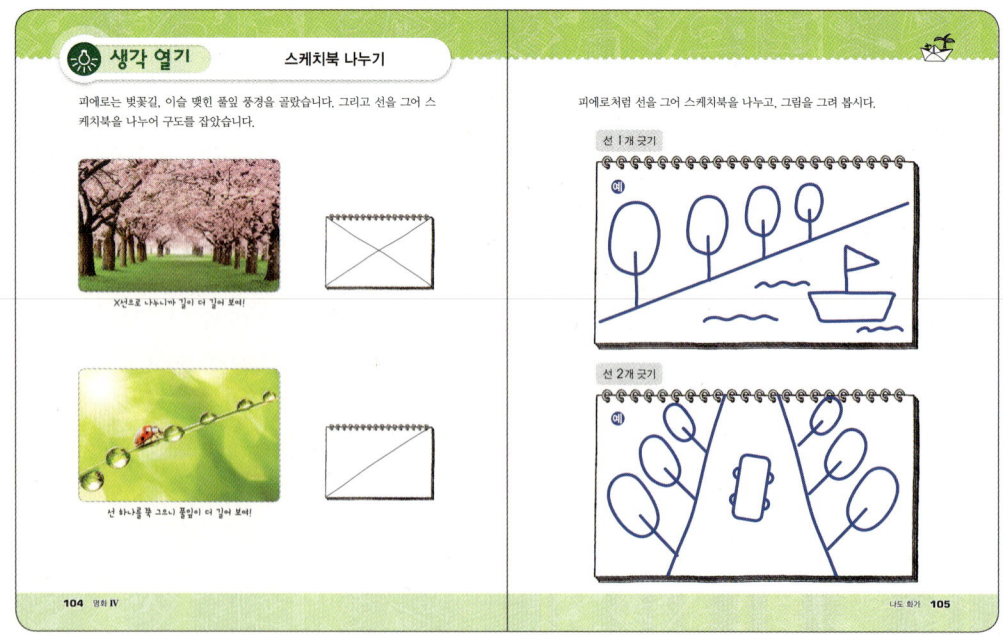

104 · 105

풍경을 관찰하고 그 구도에 맞게 선을 그어 스케치북을 나누어 보는 활동입니다. 주변의 다양한 모습을 관찰하고 그 장면에 맞는 구도를 잡을 수 있게 도와줍니다.

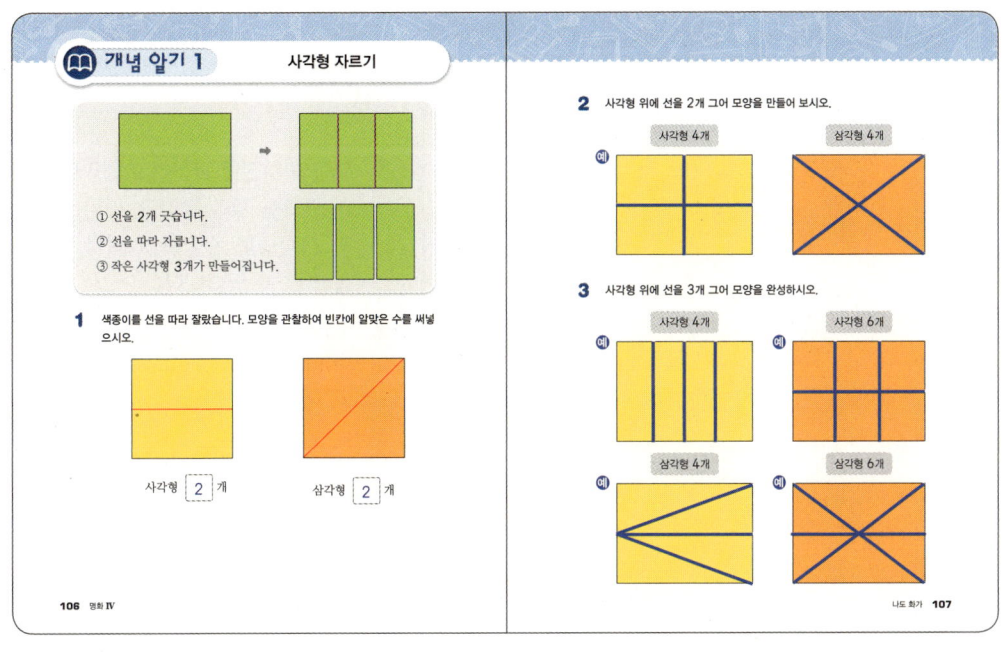

106 · 107

사각형을 잘라 한 가지 도형으로 나누어 봅니다. 다른 모양의 사각형을 이용해도 좋습니다.

1 선을 따라 나눴을 때 만들어지는 도형의 모양을 관찰하고 개수를 세어 봅니다.

2 각각 사각형 4개와 삼각형 4개가 만들어지도록 선을 그어 봅니다. 크기와 모양이 다른 조각이 나올 수 있음을 설명해 줍니다.

3 삼각형과 사각형의 개수가 각기 다르게 나오도록 선을 그어 봅니다. 선이 서로 교차될수록 만들어지는 모양의 수가 많음을 알 수 있습니다.

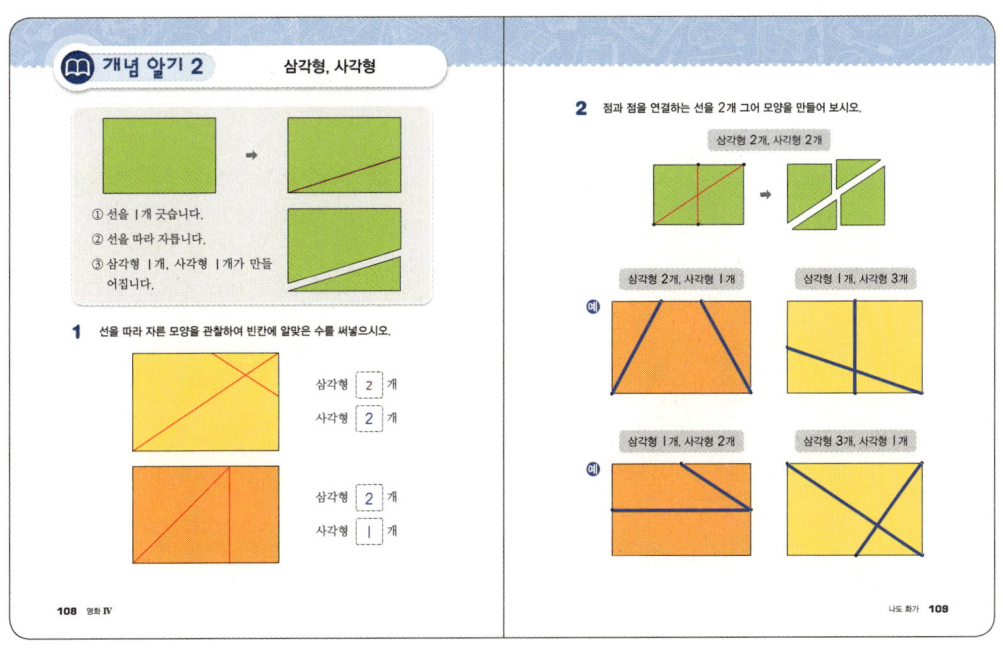

108 · 109

하나의 사각형에 선을 그어 삼각형과 사각형을 모두 만듭니다. 다른 모양의 사각형을 이용해도 좋습니다.

1 선을 따라 나눴을 때 만들어지는 삼각형과 사각형의 개수를 세어 봅니다.

2 점과 점을 연결해 보며 조건에 맞는 모양이 나오도록 선을 그어 봅니다. 여러 가지 방법으로 선을 연결했을 때 만들어지는 모양을 관찰해 볼 수 있습니다.

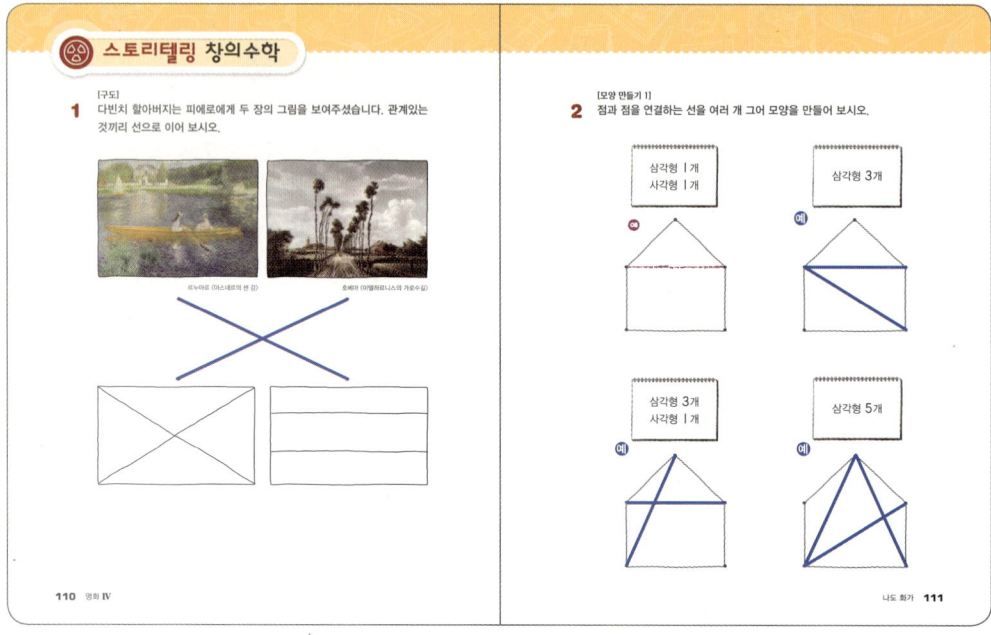

1 그림의 특징을 관찰하고 영역을 나누어 구도를 잡아 봅니다. 다양한 구도의 그림들을 관찰하고 직접 구도를 잡아 볼 수 있습니다.

2 하나의 도형에 선을 그어 조건에 맞게 나누어 봅니다. 여러 가지 방법으로 선을 그어 볼 수 있습니다.

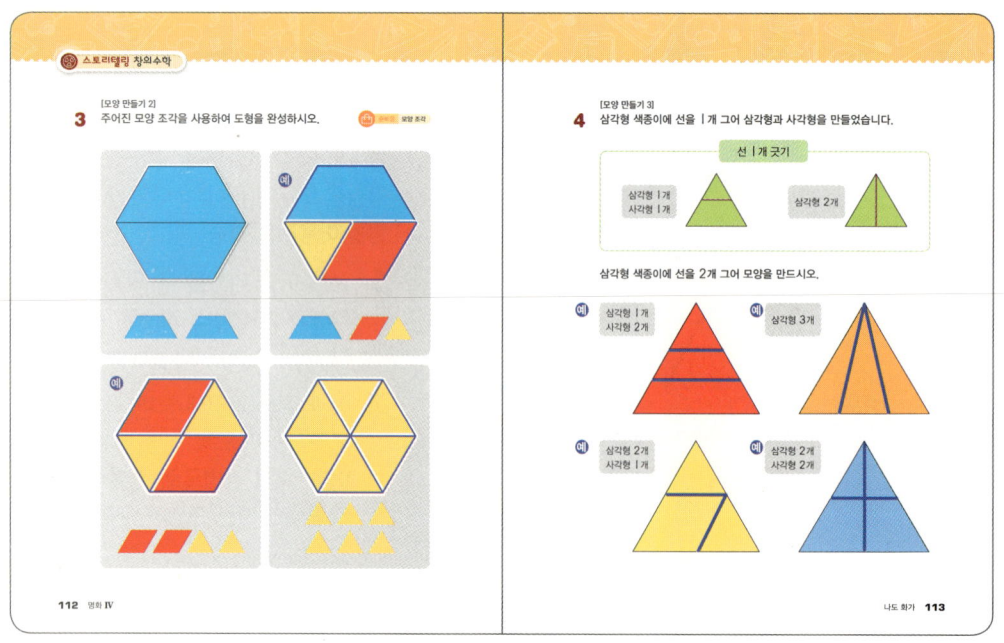

3 여러 가지 모양의 조각들로 한 가지 도형을 만들어 봅니다. 하나의 도형을 여러 조각으로 나누는 과정을 반대로 하여, 여러 조각으로 하나의 도형을 만들어 봅니다.

4 삼각형 위에 2개의 선을 다양한 모양으로 그어 조건에 맞게 나누어 봅니다. 여러 가지 방법으로 선을 그어 볼 수 있습니다.

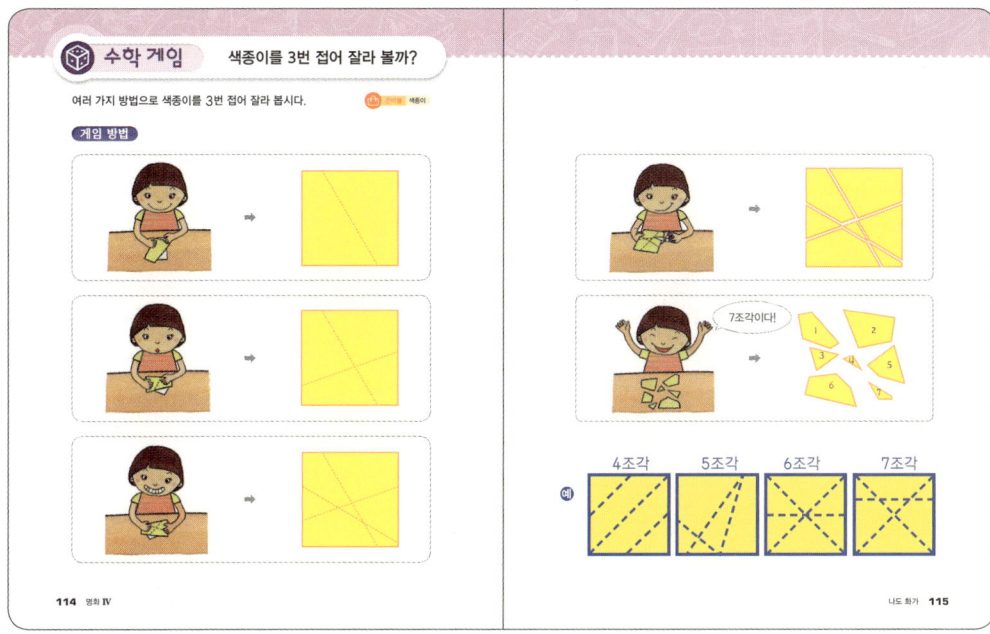

3개의 선을 이용하여 사각형을 나누어 보는 활동입니다. 색종이를 다양한 방법으로 접고 잘라 보면서 만들어지는 조각의 개수를 세어 봅니다. 가장 많은 조각을 만들 수 있는 방법에 대해 함께 이야기 나누어 볼 수 있습니다.

3개의 선을 이용하여 사각형을 나누고, 각 영역을 서로 다른 색으로 칠하는 활동입니다. 사각형을 다양한 방법으로 나누어 보고 7개의 색 중 일부만 사용하거나 모두 다 사용하여 퀼트 사각형을 완성해 봅니다.

개념 알기 3   원 나누기

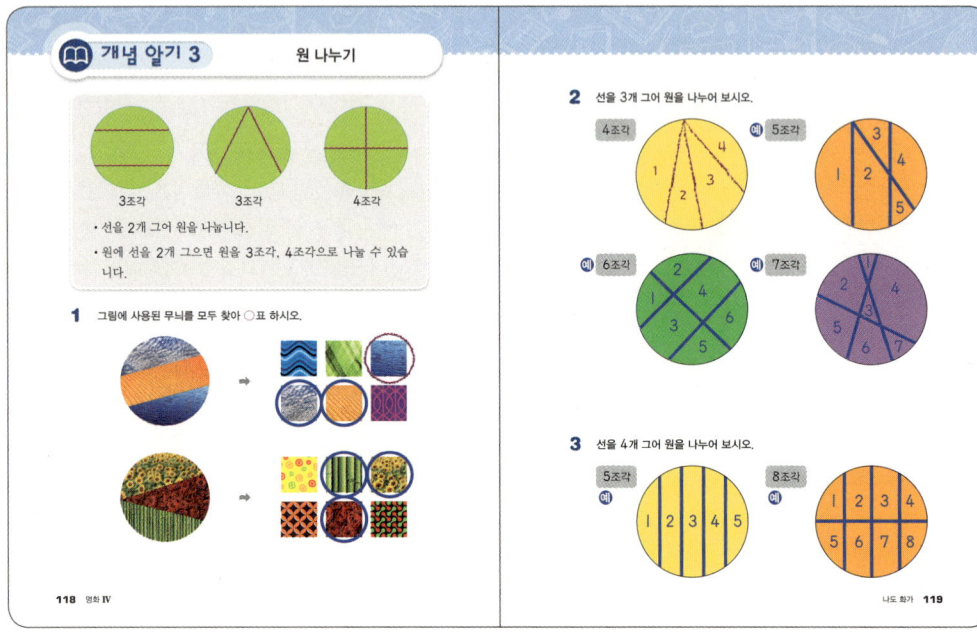

3조각   3조각   4조각

• 선을 2개 그어 원을 나눕니다.
• 원에 선을 2개 그으면 원을 3조각, 4조각으로 나눌 수 있습니다.

1 그림에 사용된 무늬를 모두 찾아 ○표 하시오.

2 선을 3개 그어 원을 나누어 보시오.

4조각   예 5조각

예 6조각   예 7조각

3 선을 4개 그어 원을 나누어 보시오.

예 5조각   예 8조각

118 · 119

하나의 원에 선을 그어 여러 조각으로 나누어 봅니다.

1 원이 분할된 모양을 관찰하고, 그림에 사용된 무늬를 고릅니다. 원을 직접 나누고 각 영역을 자유롭게 꾸미는 활동을 추가할 수 있습니다.

2 정해진 개수의 조각을 만들기 위해 다양한 방법으로 선을 긋습니다. 선을 긋는 방법에 따라 조각의 수가 달라지는 것을 알 수 있습니다.

3 주어진 개수의 조각을 만들기 위해 다양한 방법으로 선을 긋습니다. 조각의 수를 늘리기 위해 선을 다르게 그어야 하는 것을 알 수 있습니다.

개념 알기 4   조각의 개수

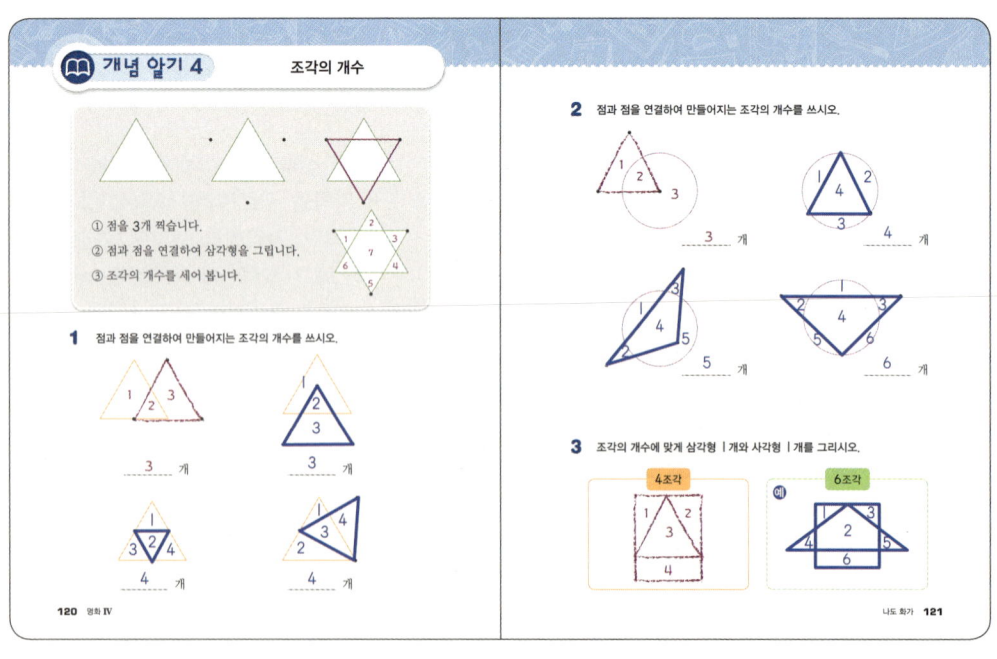

① 점을 3개 찍습니다.
② 점과 점을 연결하여 삼각형을 그립니다.
③ 조각의 개수를 세어 봅니다.

1 점과 점을 연결하여 만들어지는 조각의 개수를 쓰시오.

3 개   3 개

4 개   4 개

2 점과 점을 연결하여 만들어지는 조각의 개수를 쓰시오.

3 개   4 개

5 개   6 개

3 조각의 개수에 맞게 삼각형 1개와 사각형 1개를 그리시오.

4조각   예 6조각

120 · 121

2개의 도형을 이용하여 다양한 개수의 조각을 만들어 봅니다.

1 세 점을 연결하여 삼각형을 그리고 만들어지는 조각의 개수를 세어 봅니다. 삼각형을 다른 위치에 그려 보면서 조각의 개수를 세어 볼 수 있습니다.

2 세 점을 연결하여 삼각형을 그리고 만들어지는 조각의 개수를 세어 봅니다. 원과 삼각형의 위치에 따라 만들어지는 조각의 개수를 살펴봅니다.

3 정해진 조각의 수가 되도록 삼각형과 사각형을 그립니다. 삼각형과 사각형의 위치에 따라 나오는 조각의 수를 살펴봅니다.

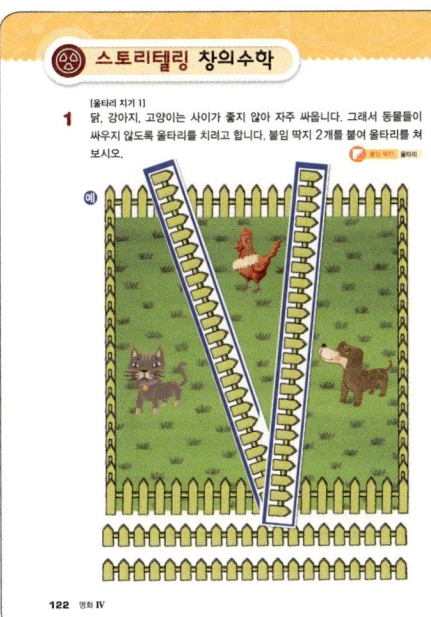

1 사각형에 2개의 선을 그어 3개의 영역으로 나누어 봅니다. 다양한 방법으로 나눌 수 있습니다.

2 사각형에 2개의 선을 그어 4개의 영역으로 나누어 봅니다. 동물의 수와 울타리의 개수를 바꾸어 생각해 볼 수 있습니다.

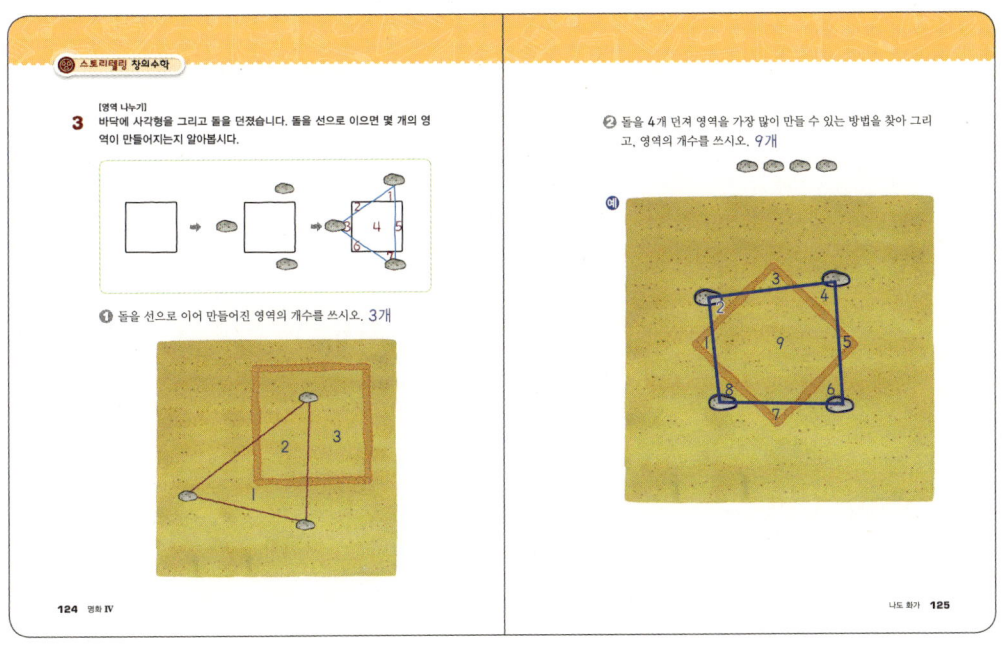

3 돌을 이어 삼각형을 그리고 만들어진 영역의 개수를 세어 봅니다. 어떤 모양의 사각형을 그려야 가장 많은 영역이 만들어지는지 생각해 보고 함께 이야기 나누어 봅니다.

MEMO

MEMO

MEMO

우리 아이의 수학적 잠재력을 깨워주는

창의력 수학 노크

B3 명화로
배우는 수학

창의력 수학

노크

B 단계

천재교육

모두가 1등이 되는 세상

천재교육이 앞장서겠습니다.

라이언 카샤는 IQ 43입니다.
하지만 그는 수학과를 1등으로 졸업했습니다.

라이언 카샤는 비록 꼴찌였지만
속도가 조금 느릴 뿐이지
늘 앞으로 나아가고 있었습니다.
길게 보면 그가 1등인 거죠.

꼴찌가 행복해야 1등 세상이기에…….